Indonesian

A ROUGH GUIDE
PHRASEBOOK

Compiled
by Lexus

Credits

Compiled by Lexus with Teresa Birks and
  Felicia Najoan Siregar

Lexus Series Editor:	Sally Davies
Rough Guides Phrasebook Editor:	Jonathan Buckley
Rough Guides Series Editor:	Mark Ellingham

This first edition published in 1997 by Rough Guides Ltd, 1 Mercer Street,
London WC2H 9QJ.

Distributed by the Penguin Group.

Penguin Books Ltd, 27 Wrights Lane, London W8 5TZ
Penguin Books USA Inc., 375 Hudson Street, New York 10014, USA
Penguin Books Australia Ltd, 487 Maroondah Highway, PO Box 257,
  Ringwood, Victoria 3134, Australia
Penguin Books Canada Ltd, Alcorn Avenue, Toronto, Ontario, Canada
  M4V 1E4
Penguin Books (NZ) Ltd, 182–190 Wairau Road, Auckland 10, New Zealand

Typeset in Rough Serif and Rough Sans to an original design by Henry Iles.
Printed by Cox & Wyman Ltd, Reading.

© Lexus Ltd 1997
208pp.

British Library Cataloguing in Publication Data
A catalogue for this book is available from the British Library.

ISBN 1-85828-250-0

CONTENTS

INTRODUCTION

The Rough Guide Indonesian phrasebook is a highly practical introduction to the contemporary language. Laid out in clear A-Z style, it uses key-word referencing to lead you straight to the words and phrases you want – so if you need to book a room, just look up 'room'. The Rough Guide gets straight to the point in every situation, in bars and shops, on trains and buses, and in hotels and banks.

The main part of the Rough Guide is a double dictionary: English-Indonesian then Indonesian-English. Before that, there's a section called **The Basics**, which sets out the fundamental rules of the language and its pronunciation, with plenty of practical examples. You'll also find here other essentials like numbers, dates, telling the time and basic phrases.

To get you involved quickly in two-way communication, the Rough Guide includes dialogues featuring typical responses on key topics – such as renting a car and asking directions. Feature boxes fill you in on cultural pitfalls as well as the simple mechanics of how to make a phone call, what to do in an emergency, where to change money and more. Throughout this section, cross-references enable you to pinpoint key facts and phrases, while asterisked words indicate where further information can be found in The Basics.

In the **Indonesian-English** dictionary, we've given not just the phrases you're likely to hear (starting with a selection of slang and colloquialisms), but also all the signs, labels, instructions and other basic words you might come across in print or in public places.

Finally the Rough Guide rounds off with an extensive **Menu Reader**. Consisting of food and drink sections (each starting with a list of essential terms), it's indispensable whether you're eating out, stopping for a quick drink or browsing through a local food market.

selamat jalan!
have a good trip!

The Basics

PRONUNCIATION

Indonesian letters are pronounced more or less as in English apart from the letters given below, which are almost always pronounced as follows:

a	as in t**a**p
ai	'I' or 'ai' as in Th**ai**
au	'ow' as in n**ow**
c	'ch' as in **ch**eap
e	'u' as in s**u**m
e	'e' as in n**e**t
h	as in English, but pronounced more emphatically
i	'ee' as in s**ee**m
kh	'ch' as in the Scots pronunciation of lo**ch**
ny	as in ca**ny**on
o	as in h**o**p
sy	'sh' as in **sh**op
u	'oo' as in st**oo**l
v	'f' as in **f**ast

As you can see from the above, there are two ways of pronouncing the letter 'e' in Indonesian; the less common 'e' (pronounced as in 'net') is in bold type in the English-Indonesian section.

In the English-Indonesian section of this book, English words used in Indonesian, but pronounced the same as English are shown in single quotes, for example 'fax' and 'video'. If the English spelling is used and the word is not pronounced as in English, then approximate pronunciation is given in square brackets, for example **museum** [moozay-um].

Most Indonesian words consist of two syllables which are evenly stressed.

ABBREVIATIONS

adj	adjective
fam	familiar
pol	polite

ARTICLES

There are no definite or indefinite articles (a, the) in Indonesian. So, for example, rumah (house) can mean either 'a house' or 'the house' depending on the context:

> **kami mau membeli rumah di Jakarta**
> we want buy house in Jakarta
> we want to buy a house in Jakarta

> **ini rumah yang paling nyaman**
> this house which most nice
> this is the nicest house

NOUNS

Gender and Number

There is no gender in Indonesian and nouns have a single fixed form for both singular and plural. So, for example, rumah means 'house' or 'houses' depending on the context. In most cases, the context of the rest of the sentence will make it clear whether it is a single item or more than one that is being referred to.

> **ini rumah dia**
> this house his/her
> this is his/her house

> **ada banyak rumah mewah di daerah ini**
> there are many house luxurious in area this
> there are many luxurious houses in this area

Doubling

If you want to be more specific in Indonesian, you can repeat the noun to show the plural:

> **di mana anak-anak anda?**
> where children your
> where are your children?

Another way to indicate the plural is to use words like 'many', 'several' etc:

banyak	many
beberapa	several
beraneka	various, a variety of
kebanyakan	most
semua	all

> **banyak mobil di jalan ini**
> many car in road this
> there are many cars on this road

> **saya sudah pergi ke Bukittinggi beberapa kali**
> I already go to Bukittinggi several time
> I've already been to Bukittinggi several times

dia mau membeli beraneka
  macam kain sarong
she want buy various type cloth
  sarong
she wants to buy a variety
  of sarongs

kebanyakan cincin saya
  buatan Indonesia
most ring my made Indonesia
most of my rings are
  Indonesian

ini semua teman saya
these all friend my
these are all my friends

Adjectives can be doubled in
order to emphasize the
quality:

saya mau yang kecil-kecil
I want one which small small
I want the really tiny one

Verbs can be doubled to
indicate a repeated or
continuous action:

saya mau berjalan-jalan
I want walk walk
I want to go for a stroll

dia pergi ke Bali untuk
  bersenang-senang
she go to Bali for enjoying
  enjoying
she went to Bali to enjoy
  herself

ADJECTIVES AND ADVERBS

Adjectives, with the exception
of numerals, are usually
placed after the noun to
which they refer:

sarong merah ini
sarong red this
this red sarong

dua sarong merah ini
two sarong red this
these two red sarongs

dia suka masakan pedas
he/she like cuisine spicy
he/she likes spicy food

In sentences such as:

indah, pantai ini!
beautiful beach this
this beach is beautiful!

the adjective precedes the
noun for special emphasis.

In essence, the sentence
order of a noun and several
adjectives in Indonesian is the
opposite to the order in an
English sentence:

jam dinding hijau besar itu
clock wall green big that
that big green wall clock

Note that there is no verb 'to
be' in Indonesian, see page
12.

GRAMMAR

Comparatives and Superlatives

To form the comparative (bigger, better) or the superlative (the most), use the following:

lebih ...	...-er; more ...
... dari	... than
se-...	as ... as
tidak se-...	not as ... as
yang paling ...	the most ...

hotel ini besar
hotel this big
this hotel is big

hotel ini lebih besar
hotel this more big
this hotel is bigger

hotel ini lebih kecil dari hotel itu
hotel this more small than hotel that
this hotel is smaller than that hotel

hotel ini sebesar hotel itu
hotel this as big hotel that
this hotel is as big as that hotel

hotel ini tidak sebesar hotel itu
hotel this not as big hotel that
this hotel is not as big as that hotel

hotel ini yang paling besar
hotel this which most big
this is the biggest hotel

Adverbs

Adverbs are formed by placing the adjective after the verb itself. Usually, the word **dengan** (with) is inserted between the verb and the adjective in order to balance the sentence:

tolong membawa rekening dengan segera
please bring bill with quick
could you bring the bill immediately?

DEMONSTRATIVES

Demonstrative adjectives and pronouns are:

| ini | this; these |
| itu | that; those |

Demonstrative adjectives are placed after the noun to which they refer:

saya mau sarong ini
I want sarong this
I want this sarong, I would like this sarong

dia mau mencoba baju itu
she want try dress that
she wants to try on that dress

PRONOUNS AND POSSESSIVES

Indonesian pronouns are as follows; see the table below for the different forms of 'you' and 'your'. The corresponding pronoun is also used for the possessive adjective:

saya	I; me; my
ia/dia	he; she; him; her; his
kami/kita*	we; us; our
mereka	they; them; their

* Use kami to refer to yourself but exclude listeners; use kita to refer to yourself and listeners.

'You' and 'Your'

anda	(pol: general)
kamu	(fam: to someone of same age)
Bapak, Pak	(pol: to older man)
Ibu, Bu	(pol: to older woman)
Abang	(pol: to older man, but in similar age bracket)
Mas	(pol: to older man, but in similar age bracket in Java)
Kakak	(pol: to older woman, but in similar age bracket)
Mbak	(pol: to older woman, but in similar age bracket in Java)
adik	(pol: to much younger person)
anak	(to a child)

The choice of the word for 'you' in Indonesian depends on the age, gender and social position of the person you are addressing. When in doubt, it is better to be too formal than too casual. Generally, Bapak, or the abbreviation Pak, is used for a man who is older/ more senior than you, and Ibu, and the abbreviation Bu, is used for a woman who is older/more senior than you. They both express considerable politeness and respect.

Abang and Kakak mean 'older brother' and 'older sister' respectively, and should be used when addressing someone who is either only a little older than yourself, or even someone who may well be a little younger, as this demonstrates respect. However, if this slightly older or younger person happens to be an immigration official or a police officer, use Pak or Bu to be on the safe side. When addressing someone quite obviously a lot younger, you can use adik, which means 'younger sibling' (of either gender) and when addressing a child you can use anak, which means 'child'.

There are however a number of words that mean 'you' — for example kamu, engkau and anda. Kamu and engkau should only be used with people of the same age or younger, with whom you are already on familiar terms. Anda is a little more neutral though it is still much more informal than, say, using Pak or Bu. Kamu and engkau are often abbreviated to mu and kau respectively, when used to indicate the possessive, and are added on to the noun in question, for example bukumu (your book). Anda is the most neutral and you will probably find that some Indonesians will choose this term when addressing you.

Translation of 'It'

There is no word for 'it', but it can be translated by ...-nya added to the end of the verb when 'it' is the subject of a sentence:

saya menghilangkannya
I lost it

tolong berikannya kepada saya
please give it to me

When 'it' is the object of a sentence and is understood, it is usually omitted; alternatively, to make things clearer, you can say the word itself. For example, to translate the following when 'it' refers to a radio:

I have it, but it's broken

You would say:

saya punya, tetapi rusak
I have but broken

or:

saya punya 'radio', tetapi rusak
I have radio but broken

The word for 'it' in sentences referring to time or weather is hari, but this is often omitted:

hari hujan
day rain
it's raining

hujan
rain
it's raining

hari mulai dingin
day beginning cold
it's getting cold

mulai dingin
beginning cold
it's getting cold

Possessive Adjectives

The possessive adjective is translated by placing the corresponding pronoun (see pages 7-8) or the person's name after the object possessed.

mobil mereka
car their
their car

mobil Bapak Ali
car Mr Ali
Mr Ali's car

sepatu saya
shoe my
my shoes

An alternative to **dia** (meaning 'his/hers') is the suffix ...-nya:

ini buku dia
this book his/her
this is his/her book

ini bukunya
this book his/her
this is his/her book

As ...-nya can mean either 'his' or 'her', if you want to be more specific, you should use the person's name instead:

ini buku Danang
this book Danang
this is Danang's book

Possessive Pronouns

punya saya/ saya punya	mine
punya anda[1]/ anda punya	yours
punya dia/ dia punya	his; hers
punya kami/ punya kita[2]/ kami punya/ kita punya	ours
punya mereka/ mereka punya	theirs

[1] Or add **punya** to the other words for 'you', see page 7
[2] Use **punya kami/kami punya** to refer to yourself but exclude listeners; use **punya kita/kita punya** to refer to yourself and include listeners

VERBS

Verbs in Indonesian are not conjugated. That is, unlike European languages, the form of the verb does not change according to the tense or the person. So, for example, **mereka pergi** can mean 'they go', 'they will go', 'they were going', 'they went' or 'they have gone'. **Dia pergi** can mean 'he/she goes', 'he/she will go' etc. Usually, the context in which you hear the verb will make it clear whether the speaker is referring to the past, present or future. But when it is important to be more specific the context can be made clearer by placing certain words before the verb:

sudah	already
belum	not yet
sedang	in the process of
masih	still
akan	will

saya sudah pergi ke Bali
I already go to Bali
I've already been to Bali

dia belum mandi
he/she not yet wash
he/she hasn't washed yet

dia sedang makan
he/she in the process of eat
he/she is still eating

saya masih di universitas
I still at university
I'm still at university

kami akan menolong mereka
we will help them
we will help them

Root Verbs, Prefixes and Suffixes

A number of Indonesian verbs are classified as simple root verbs, for example tidur 'to sleep', makan 'to eat'.

However, most verbs in Indonesian consist of a root word, with a prefix (particle added to the beginning of a word) and in many cases a suffix (particle added to the end). There are two verbal prefixes, generally known as the ber-root prefix and the me-root prefix, for example berjalan (ber+jalan) 'to walk', menjalankan 'to start up', 'to make something work' (me+n+jalan+kan). The addition of the prefix often involves a change of spelling, depending on the initial letter of the root verb, for example the addition of n, m, ng or another consonant.

In general, the simple root verbs and the ber-root verbs are usually intransitive (i.e. they don't take an object), for example mandi 'to shower', bangun 'to get up', berdiri 'to stand up'. There are exceptions, of course, for example suka 'to like', makan 'to eat', belajar 'to learn'.

Many me-root verbs are transitive (i.e. they take an object), however there are some which are intransitive, and some which may be both transitive and intransitive. When the prefix me- is attached to certain roots, changes may occur in the initial sound of the root (for example me- and tulis becomes menulis 'to write'). This is particularly important when learning to read Indonesian, as in dictionaries words are usually listed under their root form, rather than their prefix form. (In the Indonesian-English section of this book we list both root forms and prefix forms of verbs in order to aid recognition.) A variety of nouns and adjectives can also be formed using root words and prefixes and suffixes.

In conversation, the me- prefix is often dropped, for example:

saya mau membeli itu
I want to buy that

can often be heard as:

saya mau beli itu

Position of the Object

In Indonesian, the object rather than the subject often comes first in the sentence and this requires a change in the me-root verb form, in order that the object and the subject can be clearly differentiated. This is a relatively complex thing, as the way the me-root verb and

the sentence order are altered depends on which personal pronoun is used. Here are some examples:

saya membeli buku
I buy book
I bought a book

buku saya beli
book I buy
I bought a book

anda mencuci piring
you clean dish
you wash the dishes

piring anda cuci
dish you clean
you wash the dishes

dia menulis surat
he/she write letter
he/she writes a letter

surat ditulis dia
letter write he/she
he/she writes a letter

kami mencari restoran Cina
we look restaurant Chinese
we are looking for a
    Chinese restaurant

restoran Cina kami cari
restaurant Chinese we look
we are looking for a
    Chinese restaurant

anda sekalian memasak
    rendang
you all cook rendang
you are all cooking
    rendang

rendang anda sekalian masak
rendang you all cook
you are all cooking
rendang

mereka menolak uang
they refuse money
they refuse money

uang ditolak mereka
money refuse they
they refuse money

The Passive

The passive form of a me-root
verb is formed by dropping
the prefix me- and adding the
prefix di-:

mobil sudah diperbaiki
the car has already been
repaired

saya harus memperbaiki
mobil
I must repair the car

piring sudah dicuci
the dishes have been
washed

saya akan mencuci piring
I will wash the dishes

The Verb 'To Be'

There is no verb 'to be' in
Indonesian:

sudah siap?
already ready
are you ready yet?

ini isteri saya
this wife my
this is my wife

saya guru
I teacher
I am a teacher

saya orang Inggris
I person English
I'm English

anda benar
you right
you are right, you were right

Imperative

If you want to request that
someone do something, use
the word tolong (literally
'help') before the verb:

tolong periksa mobil saya
help examine car my
please inspect my car

tolong ambil tas saya
help take bag my
please can you get my bag

To give a command, use the
verb either on its own or
followed by the suffix -lah.
The suffix -lah can be used to
soften or emphasize the
command, depending on the
tone of voice. Thus:

janganlah!
don't!

spoken in a friendly tone,
could imply for example

'don't be shy', but when spoken with a sharp, raised tone, implies 'don't' as in 'stop that right now'.

If you want to invite someone to do something, use the word **silakan** (literally 'invite' or 'welcome') before the verb:

> **silakan masuk**
> welcome enter
> please come in

To form the negative imperative, use **jangan** followed by the verb and the rest of the sentence:

> **jangan sentuh**
> do not touch

> **jangan diganggu**
> do not disturb

NEGATIVES

There are two words used in Indonesian to express the negative, ('no' or 'not'): **bukan** and **tidak**. In sentences where the object referred to is a noun, use **bukan**:

> **ini bukan candi**
> this not temple
> this is not a temple

> **itu bukan mobil saya**
> that not car my
> that's not my car

To form other negatives, place the word **tidak** before the adjective, preposition or verb:

> **rumah saya tidak besar**
> house my not big
> my house is not big

> **makanan ini tidak pedas**
> food this not spicy
> this isn't spicy food

> **mereka tidak mau berenang**
> they not want swim
> they don't want to swim

Both **bukan** and **tidak** can be used to mean the reply 'no':

> **apa rendang itu terlalu pedas?**
> is rendang that too spicy
> is that rendang too spicy?

> **tidak/bukan**
> no

QUESTIONS

A statement can be made into a question requiring a 'yes/no' answer simply by using a rising tone, or by placing the word **apa** at the beginning of the sentence as well as using a rising tone of voice:

> **ini kopor saya**
> this suitcase my
> this is my suitcase

> **ini kopor saya?**
> this suitcase my
> is this my suitcase?

apa ini kopor saya?
question word this suitcase my
is this my suitcase?

The word **apa** can also mean
'what?':

ini buku apa?
this book what
what kind of book is this?

apa alamat anda?
what address your
what's your address?

Other question words are as
follows:

siapa?	who?
mengapa?	why?
berapa?	how many/ much?
kapan?	when?
di mana?	where?
dari mana?	from where?
ke mana?	where to?
bagaimana?	how?

siapa tidur di kamar saya?
who sleep in room my
who's sleeping in my
room?

At the end of a sentence, **siapa**
means 'whose':

ini buku siapa?
this book who
whose is this book?

mengapa dia menangis?
why he/she cry
why is he/she crying?

berapa harga buku itu?
how much price book that
how much is that book?

**kapan mau kembali ke
Indonesia?**
when want return to Indonesia
when will you return to
Indonesia?

ke mana dia pergi?
where he/she go
where has he/she gone?

dari mana?
from where
where are you from?

mau ke mana?
want to where
where are you going?

bagaimana tulisannya?
how written it
how is it written?

'OF'

The English 'of' has no single
equivalent word in
Indonesian:

dia saudara saya
he/she relative my
he/she is a relative of mine

secangkir kopi
one cup coffee
a cup of coffee

dua kilo beras
two kilo rice
two kilos of rice

sebelah selatan Medan
side south Medan
the south of Medan

saya suka kepada dia
I like towards him/her
I am fond of him/her

banyak di antara buku-buku
ini punya saya
a lot amongst book book these
own I
a lot of these books are
mine

tanggal delapanbelas bulan
Januari
date eighteen month January
the eighteenth of January

saya tidak bisa tidur karena
ribut
I not able sleep because noise
I can't sleep because of the
noise

'Made of' should be
translated by dari meaning
'from':

kursi ini dibuat dari rotan
chair this made from rattan
this chair is made of rattan

DATES

Dates are expressed using the
pattern:

tanggal (date) + number +
month
day + tanggal (date) +
number + month

tanggal dua puluh Desember
date twenty December
twentieth of December

Hari Senin tanggal satu Juni
day Monday date one June
Monday the first of June

pada tanggal satu 'April'
on date one April
on the first of April

DAYS

Monday	Hari Senin
Tuesday	Hari Selasa
Wednesday	Hari Rabu
Thursday	Hari Kamis
Friday	Hari Jumat
Saturday	Hari Sabtu
Sunday	Hari Minggu

MONTHS

January	Januari
February	Februari
March	Maret
April	'April'
May	Mei
June	Juni
July	Juli
August	Agustus
September	'September'
October	Oktober
November	'November'
December	Desember

TIME

what time is it? jam berapa?,
pukul berapa?
o'clock jam, pukul

TIME

(it's) one o'clock jam satu, pukul satu

(it's) two o'clock jam dua, pukul dua

five past one jam satu lewat lima

ten past two jam dua lewat sepuluh

quarter past one jam satu lewat seperempat

quarter past two jam dua lewat seperempat

*half past one setengah dua

*half past ten setengah sebelas

twenty to ten jam sepuluh kurang dua puluh

quarter to one jam satu kurang seperempat

quarter to ten jam sepuluh kurang seperempat

at eight o'clock pada jam delapan

*at half past four pada jam setengah lima

a.m. pagi

p.m. (from about 6 p.m. to midnight) malam

(from about 3 p.m. to 6 p.m.) sore

(from about noon to 3 p.m.) siang

2 a.m. jam dua pagi

9 a.m. jam sembilan pagi

2 p.m. jam dua siang

5 p.m. jam lima sore

9 p.m. jam sembilan malam

noon tengah hari

midnight tengah malam

hour jam

minute menit

second detik

quarter of an hour seperempat jam

half an hour setengah jam

three quarters of an hour tiga perempat jam

* Note that for 'half past' it is the following hour that is referred to so 'half past one' setengah dua means literally 'half an hour to go to two'

NUMBERS

0	nol
1	satu
2	dua
3	tiga
4	empat
5	lima
6	enam
7	tujuh
8	delapan
9	sembilan
10	sepuluh
11	sebelas
12	dua belas
13	tiga belas
14	empat belas
15	lima belas
16	enam belas
17	tujuh belas
18	delapan belas
19	sembilan belas
20	dua puluh
21	dua puluh satu
22	dua puluh dua
23	dua puluh tiga
30	tiga puluh
31	tiga puluh satu

TIME

40	empat puluh
50	lima puluh
60	enam puluh
70	tujuh puluh
80	delapan puluh
90	sembilan puluh
100	seratus
120	seratus dua puluh
200	dua ratus
300	tiga ratus
400	empat ratus
500	lima ratus
600	enam ratus
700	tujuh ratus
800	delapan ratus
900	sembilan ratus
1,000	seribu
2,000	dua ribu
5,000	lima ribu
10,000	sepuluh ribu
100,000	seratus ribu
1,000,000	sejuta

Ordinals

first	pertama
second	kedua
third	ketiga
fourth	keempat
fifth	kelima
sixth	keenam
seventh	ketujuh
eighth	kedelapan
ninth	kesembilan
tenth	kesepuluh

BASIC PHRASES

yes	please
ya	silakan
no	could you please ...?
tidak/bukan	tolong ...
OK	yes, please
baik	ya, boleh
hello	thank you/thanks
halo	terima kasih
hi!	no thanks
hai!	terima kasih, tidak
good morning	thank you very much
selamat pagi	terima kasih banyak
good afternoon	don't mention it
selamat sore	kembali, sama-sama
good evening	how do you do?/how are you?
selamat sort	apa kabar?
good night	I'm fine, thanks
selamat malam	baik-baik saja
goodbye	nice to meet you
sampai jumpa lagi	saya senang bertemu anda
(said by person leaving)	
selamat tinggal	excuse me!
	maaf!
(said to person leaving)	
selamat jalan	sorry
	maaf
see you!	
sampai bertemu lagi!	sorry?/pardon (me)? (didn't understand)
see you later	tolong diulang lagi
sampai jumpa lagi	

I see/I understand
saya mengerti

I don't understand
saya tidak mengerti

do you speak English?
apa anda berbicara bahasa
Inggris?

I don't speak Indonesian
saya tidak bisa berbicara
bahasa Indonesia

could you speak more slowly?
tolong berbicara dengan
pelan

could you repeat that?
tolong diulang lagi

could you write it down?
tolong ditulis

I'd like ...
saya mau ...

can I have ...?
boleh saya minta ...?

can you ...?
dapat anda ...?

I can't ...
saya tidak bisa ...

how much is it?
berapa harganya?

I'll take it
ya, boleh

what's that?
apa itu?

what's happening?/what's
wrong?
apa yang terjadi?

what's happening?/what's the
news?
bagaimana kabarnya?

it is ...
ini ...

is it ...?
apa ini ...?

where is ...?
di mana ...?

is it far?
apakah itu jauh?

CONVERSION TABLES

1 centimetre = 0.39 inches	1 inch = 2.54 cm

1 metre = 39.37 inches = 1.09 yards

1 foot = 30.48 cm

1 yard = 0.91 m

1 kilometre = 0.62 miles = 5/8 mile

1 mile = 1.61 km

km	1	2	3	4	5	10	20	30	40	50	100
miles	0.6	1.2	1.9	2.5	3.1	6.2	12.4	18.6	24.8	31.0	62.1

miles	1	2	3	4	5	10	20	30	40	50	100
km	1.6	3.2	4.8	6.4	8.0	16.1	32.2	48.3	64.4	80.5	161

1 gram = 0.035 ounces

g	100	250	500
oz	3.5	8.75	17.5

1 kilo = 1000 g = 2.2 pounds
1 oz = 28.35 g
1 lb = 0.45 kg

kg	0.5	1	2	3	4	5	6	7	8	9	10
lb	1.1	2.2	4.4	6.6	8.8	11.0	13.2	15.4	17.6	19.8	22.0

kg	20	30	40	50	60	70	80	90	100
lb	44	66	88	110	132	154	176	198	220

lb	0.5	1	2	3	4	5	6	7	8	9	10	20
kg	0.2	0.5	0.9	1.4	1.8	2.3	2.7	3.2	3.6	4.1	4.5	9.0

1 litre = 1.75 UK pints / 2.13 US pints

1 UK pint = 0.57 l
1 US pint = 0.47 l

1 UK gallon = 4.55 l
1 US gallon = 3.79 l

centigrade / Celsius

$$C = (F - 32) \times 5/9$$

C	-5	0	5	10	15	18	20	25	30	36.8	38
F	23	32	41	50	59	65	68	77	86	98.4	100.4

Fahrenheit

$$F = (C \times 9/5) + 32$$

F	23	32	40	50	60	65	70	80	85	98.4	101
C	-5	0	4	10	16	18	21	27	29	36.8	38.3

English-Indonesian

a, an*

about: about 20 kira-kira dua puluh
  it's about 5 o'clock kira-kira jam lima
  a film about Indonesia 'film' mengenai Indonesia
above di atas
abroad luar negeri
absolutely (I agree) betul
absorbent cotton kapas
accelerator pedal 'gas'
accept menerima
accident kecelakaan
  there's been an accident ada kecelakaan
accommodation akomodasi
  (budget) penginapan
  see **room** and **hotel**
accurate tepat
ache sakit
  my back aches punggung saya sakit
across: across the road diseberang jalan
adapter 'adaptor'
address alamat
  what's your address? apa alamat anda?

In towns and cities, apart from the main thoroughfares, Indonesia's roads are organized in a 'block' system, with many streets bearing the same name, but a different number. The number of the road is designated in roman numerals, and →

the house number in standard numerals, for example Jalan Tulodong Bawah IV/41. The main thoroughfares often share the same names from town to town in celebration of famous generals and other historical characters, for example Jalan Jend A. Yani, Jalan Jend Sudirman, Jalan Diponegoro. The word **jalan** (road, street) is usually abbreviated to **Jl**.
In villages and in the more residential areas in towns, the numbering system is based on the administrative units **RW** (rukun warga: next to lowest administrative unit in towns) and **RT** (rukun tetangga: neighbourhood association). Thus, Dongkelan RW 60 RT 09 No 349 indicates that the address is situated in the Dongkelan area, the RW and RT numbers designate the administrative units and No 349 refers to the house number.

a	tap
ai	I
au	now
c	ch
e	uh
e	eh
i	ee
o	hop
sy	sh
u	oo
v	f

address book buku alamat
admission charge harga masuk
adult dewasa
advance: in advance dulu
aeroplane pesawat terbang
after setelah
  after you silakan
  after lunch setelah makan siang
afternoon sore

Af

in the afternoon pada sore
this afternoon sore ini, nanti
sore
(referring to time past) sore tadi
aftershave wangi-wangian
untuk cukur
aftersun cream krim untuk
kulit kering
afterwards setelah itu
again lagi
against menentang
(in sport) lawan
I'm against ... saya
menentang ...
age umur
ages ago sudah lama
ago: a week ago minggu yang
lalu
an hour ago satu jam yang
lalu
agree: I agree saya setuju
AIDS 'aids'
air udara
by air naik pesawat terbang
air-conditioning AC [a seh]
airmail: by airmail dengan pos
udara
airmail envelope amplop pos
udara
airplane pesawat terbang
airport (large) bandar udara
(small) lapangan terbang
to the airport, please ke
bandar udara
airport bus bis bandar udara,
bis DAMRI
aisle seat kursi dekat gang
alarm clock beker
alcohol alkohol

alcoholic pakai alkohol
all: all the ... semua ...
all of it, all of them
semuanya
that's all, thanks sudah,
terima kasih
allergic: I'm allergic to ... saya
alergi terhadap ...
allowed: is ... allowed? apa
saya boleh ...?
all right tidak apa-apa
I'm all right saya baik-baik
saja
are you all right? apa kamu
baik-baik saja?
almond amandel
almost hampir
alone sendiri
alphabet abjad

a	a	n	en
b	beh	o	o
c	cheh	p	peh
d	deh	q	ki
e	eh	r	er
f	ef	s	es
g	geh	t	teh
h	ha	u	oo
i	i	v	veh
j	jeh	w	weh
k	ka	x	eks
l	el	y	yeh
m	em	z	zet

already sudah
also juga
although walaupun
altogether semua
always selalu
am*

a.m.: at seven a.m. jam tujuh
  pagi
amazing (surprising)
  mengherankan
  (very good) bagus sekali, luar
  biasa
ambulance ambulans
  call an ambulance! panggillah
  ambulans!

For the ambulance service dial
118.

America Amerika
American (adj) Amerika
  I'm American saya orang
  Amerika
among di antara
amount jumlah
amp: **a 13-amp fuse** sekering
  tiga belas amper
and dan

anger
You are more likely to solve a
problem by polite persistence
than by a bout of shouting and
finger pointing. Public displays
of anger are disapproved of,
especially in Java, and will not
result in faster or fairer service.

angry marah
animal binatang
ankle pergelangan kaki
anniversary (wedding) ulang
  tahun pernikahan
annoy: **this man's annoying me**
  orang ini mengganggu saya

annoying menjeng...
another (object: one m...
  lagi
  (different) lain
  (person) orang lain
  can we have another...
  kami minta kamar l...
  another beer, please tolong,
  satu bir lagi
antibiotics obat antibiotik
antihistamine antihistamin
antique antik, kuno
  is it an antique? apa ini antik?
antique shop toko barang
  antik
antiseptic obat antiseptik
any: **do you have any ...?** apa
  ada ...?
  sorry, I don't have any maaf,
  tidak ada
anybody seseorang
  does anybody speak English?
  apa ada seseorang yang bisa
  berbicara bahasa Inggeris?
  there wasn't anybody there
  tidak ada orang di sana
anything apa saja

•••••• DIALOGUES ••••••

anything else? ada lagi?
nothing else, thanks cukup, terima
kasih

would you like anything to drink?
anda mau minum apa?
I don't want anything, thanks saya
tidak membutuhkan apa-apa lagi

apart from selain dari
apartment apartemen

a	tap
ai	I
au	now
c	ch
e	uh
e	eh
i	ee
o	hop
sy	sh
u	oo
v	f

rtment block gedung apartemen

apology permintaan maaf

appendicitis apendisitis, sakit usus buntu

appetizer makanan pembuka

apple apel

appointment janji

•••••• D I A L O G U E ••••••

good morning, how can I help you? selamat pagi, bisa saya bantu?

I'd like to make an appointment saya mau buat janji

what time would you like? untuk jam berapa?

three o'clock jam tiga

I'm afraid that's not possible, is four o'clock all right? maaf, itu tidak bisa, tetapi jam empat bisa

yes, that will be fine ya, boleh

the name was ...? siapa nama anda ...?

apricot aprikot

April 'April'

are*

area daerah

area code kode daerah

arm lengan

arrange: will you arrange it for us? apakah anda bisa menguruskan ini untuk kami?

arrival kedatangan

arrive datang

we arrived today kami datang hari ini

when do we arrive? jam berapa kami sampai?

has my fax arrived yet? apakah 'fax' saya sudah sampai?

art seni

art gallery galeri seni

artist seniman

as*: as ... as se-...

as big as sebesar

as soon as possible secepat mungkin

ashtray asbak

ask minta

I didn't ask for this saya tidak pesan ini

could you ask him to ...? bisa anda minta tolong dia untuk ...?

asleep: she's asleep dia tidur

aspirin aspirin [ass-pee-rin]

asthma asma

astonishing mengherankan

at: at the hotel di hotel

at the station di stasiun

at six o'clock pada jam enam

at Oking's di rumah Oking

athletics atletik

ATM machine a.t.m. [a teh em]

---

attention

For tourists, the constant harangue of 'Hello Mr' is as much a part of the Indonesian experience as the **warungs** and rice paddies. Although this persistent attention may be tiring, a quick smile or **'halo'** will suffice in reply. The faster this becomes a habit, the easier it is to deal with.

attractive menarik
aubergine terung
August Agustus
aunt bibi, tante
Australia 'Australia'
Australian (adj) 'Australia'
 I'm Australian saya orang
 'Australia'
automatic otomatis
 (car) mobil persneling
 otomatis
autumn musim gugur
 in the autumn pada musim
 gugur
average (ordinary, medium) sedang
 (not good) lumayan
 on average rata-rata
awake: is he awake? apakah
 dia sudah bangun?
away: go away! pergilah!
 is it far away? apakah itu
 jauh?
awful mengerikan
axle as

B

baby bayi
baby food makanan bayi
baby's bottle botol bayi
baby-sitter penjaga bayi
back (of body) punggung
 (back part) belakang
 at the back di belakang
 can I have my money back?
 saya minta uang saya
 dikembalikan
 to come/go back kembali
backache sakit punggung

bacon spek
bad buruk
 a bad headache sakit kepala
 berat
badly dengan buruk
bag (handbag) tas
 (suitcase) kopor
 (plastic, paper) kantong
baggage bagasi
baggage check, baggage claim
 tempat pengambilan barang
bakery toko roti
balcony balkon
 a room with a balcony kamar
 dengan balkon
bald botak
ball bola
ballet balet
ballpoint pen bolpoin
bamboo bambu
banana pisang
band (musical) kelompok
 musik
bandage pembalut
Bandaid® plester
bank (money) bank

a	tap
ai	I
au	now
c	ch
e	uh
e	eh
i	ee
o	hop
sy	sh
u	oo
v	f

There is a proliferation of state
and private banks in Indonesia,
not all of which are able to
change foreign currency and
travellers cheques. In general,
exchange bureaux tend to give
better rates of exchange than
the banks, and are often open
much longer hours, particularly
in tourist areas. Bank business
hours vary, but they are usually →

|Ba

open from 8 a.m. to around 4 p.m. Monday to Friday, with an hour lunch break any time between noon and 1.30. On Saturdays, they are only open in the mornings. Banks in hotels may have longer opening hours. The larger hotels will also change cash and travellers' cheques, though at a poorer rate of exchange.

Not all travellers' cheques are recognized or accepted, so it is best to stick with an international company, such as Amex. Also, the American dollar is the most readily accepted currency, in terms of both travellers' cheques and cash.

bank account rekening bank
bar bar [bar-r]
  a bar of chocolate sebatang coklat

Western-style bars are only found in international hotels and in the larger cities or in areas where there is a large ex-patriate workforce, for example Samarinda in East Kalimantan and Pekanbaru in Sumatra. With a number of exceptions in the very plushest of hotels, for example O'Reilly's in the Grand Hyatt, Jakarta, bars are not considered appropriate places for the 'respectable' Indonesian. →

However, beer-drinking is generally acceptable in modera-tion, and warungs and shops selling beer can be found in the smallest of villages.
see **beer** and **spirits**

barber's pemangkas rambut
bargaining

Bargaining is an integral part of shopping in Indonesian markets and at street stalls. If you have a number of essential items on your shopping list, your best bet is to hang around other shop-pers and see what prices they are paying, then you'll have some idea of where to pitch your starting price. (Don't expect to pay the same prices as the locals.) Try and deflect atten-tion away from the item you particularly desire, and focus initially on similar items. Always be polite and haggle in a good-humoured way, and remember that once you have engaged in some serious bargaining, you are expected to seal the deal with a sale. Department stores and 'regular' shops don't usually engage in bargaining, though some reductions in the smaller shops can be attained if you are buying in quantity.

Apart from taxis, unscheduled forms of transport in Indonesia →

such as the becak, bajaj, ojek, bendi etc require the negotiation of a fare before you depart. Failure to do so could result in a highly inflated price.
see **taxi**

see **taxi**

•••••• DIALOGUE ••••••

how much is this? berapa ini?
8,000 rupiah delapan ribu rupiah
that's too expensive terlalu mahal
how about 6,000 rupiah? kalau enam ribu rupiah, bagaimana?
I'll let you have it for 7,000 rupiah kalau tujuh ribu rupiah, boleh
can you reduce it a bit more?/OK, it's a deal tolong dikurangi sedikit lagi/ya, boleh

basket keranjang
bath mandi
  can I have a bath? boleh saya mandi?

Baths are extremely uncommon in Indonesia, except in the larger hotels. Showers are increasingly found in budget accommodation, though traditionally, the mandi is the Indonesian equivalent. **Mandi** means 'to wash', and the **kamar mandi** is the place where you do it. Inside the kamar mandi you will find the **bak mandi**, a large container full of water. With the large ladle provided, pour the water over yourself. →

Once you have soaped yourself down and shampooed your hair, use the ladle again to rinse. Remember, others will be using the water in the bak mandi, so try not to drop your soap in it. Always pour a few ladles of water over the floor of the kamar mandi before you leave, leaving it clean for the next person. In all but the more upmarket hotels, the water will be cold.

bathroom kamar mandi
  with a private bathroom
  dengan kamar mandi sendiri
bath towel anduk mandi
bathtub see **bath**
battery aki
bay teluk
be*
beach pantai
  on the beach di tepi pantai

Although Indonesians love going to the beach, particularly on a Sunday, they do not sunbathe, and most are not keen swimmers either. Thus, with the exception of the largest beach resorts such as in Bali, a modest approach to swimwear is advisable.
The seas around Indonesia's islands can be very dangerous – rip-tides and strong undercurrents claim lives annually.

a	tap
ai	I
au	now
c	ch
e	uh
e	eh
i	ee
o	hop
sy	sh
u	oo
v	f

Be

There are also a number of sea creatures to avoid too. Apart from the notorious shark, there are poisonous sea snakes, jellyfish, stone fish, stingrays etc. You should be particularly careful to avoid coral cuts as these often become infected and are difficult to heal in the humidity of the tropics.

The sun is very potent in Indonesia: make sure you have a high-protection sun cream with you, as well as a total sunblock, and keep covered up.

beach mat tikar pantai
beach umbrella payung
beans buncis
beard jenggot
beautiful cantik
because karena
  because of ... karena ...
bed tempat tidur
  I'm going to bed now saya
  mau tidur sekarang
bed and breakfast penginapan
  termasuk sarapan
  see hotel
bedroom kamar tidur
beef daging sapi
beer bir
  two beers, please tolong,
  minta dua bir

Bintang and Anker are brewed locally, and San Miguel is also available. Stouts are quite →

popular – Anker produce their own and bottled Guinness is increasingly available. A couple of beers can cost about the same as the price of a room for the night. Don't expect beer to be cold, chilled beer is a rarity.

before sebelum
begin mulai
  when does it begin? itu mulai
  jam berapa?
beginner pemula
beginning: at the beginning
  pada permulaan
behind di belakang
  behind me di belakang saya
beige coklat muda
believe percaya
below di bawah
belt ikat pinggang
bend (in road) belokan
berth (on ship) tempat
  berlabuh
beside: beside the ... di
  samping ...
best terbaik
better lebih baik
  are you feeling better? apakah
  anda sudah sembuh?
between antara
beyond melewati
bicycle sepeda
big besar
  too big terlalu besar
  it's not big enough tidak
  cukup besar
bikini 'bikini'

bill bon, rekening
  could I have the bill, please?
  boleh minta rekening?
  (US: banknote) uang kertas

If an Indonesian invites you out
for dinner, then they will pick up
the bill. If you invite someone
to join you while you are eating,
then you will be expected to pay
their bill.

---

bin bak sampah
bin liners plastik untuk
  sampah
bird burung
birthday ulang tahun
  happy birthday! selamat hari
  ulang tahun!
biscuit biskuit
bit: a little bit sedikit
  a big bit (of food) sepotong
  besar
  a bit of ... minta ... sedikit
  a bit expensive agak mahal
bite (by insect, dog etc) gigitan
bitter (taste etc) pahit
black hitam
blanket selimut
blind buta
blinds tirai
blister lepuh
blocked (road, pipe) terhalang
  (sink) mampat
blond: blond hair rambut putih
blood darah
  high blood pressure tekanan
  darah tinggi
blouse blus

blow-dry 'blow-dry'
  I'd like a cut and blow-dry
  saya mau potong dan 'blow-
  dry'
blue biru
blusher 'blusher'
boarding house rumah kos
boarding pass 'boarding pass'
boat (sea) kapal
  (river, sea) perahu
  (small, fishing) sampan
  (for passengers) kapal
  penumpang
body badan
boiled egg telur direbus
bone tulang
bonnet (of car) kap mesin
book (noun) buku
  (verb) memesan
  can I book a seat? boleh saya
  memesan tempat duduk?

•••••• DIALOGUE ••••••

I'd like to book a table for two saya
mau memesan meja untuk dua
orang
what time would you like it booked
for? untuk jam berapa?
half past seven setengah delapan
that's fine baik
and your name? dan siapa nama
anda?

bookshop, bookstore toko
  buku
boot (footwear) sepatu lars
  (of car) tempat bagasi
border (of country) perbatasan
boring membosankan

a	tap
ai	I
au	now
c	ch
e	uh
e	eh
i	ee
o	hop
sy	sh
u	oo
v	f

Bo

born: I was born in Manchester
saya dilahirkan di
Manchester
I was born in 1960 saya lahir
tahun seribu sembilan ratus
enam puluh
Borneo (Indonesian) Kalimantan
borrow meminjam
may I borrow ...? boleh saya
meminjam ...?
both keduanya
bother: sorry to bother you
maaf, saya menggangu
bottle botol
bottle-opener pembuka botol
bottom (of person) pantat
at the bottom of ... di
dasar ...
(hill) di bawah ...
box kotak
box office loket
boy anak laki-laki
boyfriend pacar
bra beha
bracelet gelang
brake rem
brandy brandi
bread (sweet, white) roti
(savoury) roti tawar

Bread is not widely available.
When it is, Indonesians might
just use the English word. Indo-
nesian bread tends to be white
and sweet, so if you want sa-
voury bread, you must ask for
roti tawar which can be white
or brown and which is never
sweet.

break (verb: crockery etc)
memecahkan
(bone) mematahkan
I've broken the ... saya
memecah ...
I think I've broken my wrist
saya kira pergelangan
tangan saya patah
break down rusak
I've broken down mobil saya
rusak
breakdown (mechanical)
kerusakan
breakfast sarapan, makan
pagi
breast dada
breathe bernafas
breeze angin
bridge (over river) jembatan
brief singkat
briefcase tas
bright (light etc) terang
bright red merah
cemerlang
brilliant (person) pandai
bring membawa
I'll bring it back later nanti
saya akan
mengembalikannya
Britain Inggris
British Inggris
brochure brosur
broken patah
(not working) rusak
bronchitis penyakit bronkhitis
brooch bros
broom sapu
brother saudara laki-laki
brother-in-law ipar laki-laki

brown coklat
bruise lecet
brush (for hair) sikat rambut
(artist's) kuas
(for cleaning) sapu
bucket ember
Buddha Budha
Buddhism Budhisme
Buddhist (adj) Budha
(noun) orang Budha
buffet car gerbong restorasi
buggy (for child) kereta anak
building bangunan
bulb (light bulb) bola lampu
bumper bemper
bunk bangku tidur

---

bureaucracy
Dealing with government offices
and businesses is often a long-
drawn-out and tiring process.
Go early, armed with a healthy
dose of patience, persistence
and photocopies of your pass-
port. Above all, try not to leave
any bureaucratic dealings until
the last minute and remember
that offices close at 2 p.m. on
Fridays.

---

bureau de change tempat
penukaran uang
see bank
burglary pencurian
burn (noun) luka hangus
(verb) membakar
burnt: this is burnt ini gosong
burst: a burst pipe pipa
meledak pecah

bus bis
what number bus is it to ...?
harus naik bis nomor
berapa ke ...?
when is the next bus to ...?
jam berapa bis yang berikut
ke ...?
what time is the last bus? jam
berapa bis yang terakhir?

•••••• DIALOGUE ••••••
does this bus go to ...? apakah bis
ini pergi ke ...?
no, you need a number ... tidak,
anda perlu naik bis nomor ...

City and town buses have a fixed
rate, usually around 300 rupiah,
regardless of how far you intend
to travel. It's a good idea to have
lots of small change in your
pocket for such occasions, as it
is difficult for the conductor to
give change for larger notes –
even 5,000 rupiah can cause
problems. Conductors often wait
until they have gathered the
fares and sufficient small
denominations before they start
handing out the change.
Buses are the easiest and cheap-
est way to travel around Indo-
nesia, and are faster than
trains. However, they can con-
sequently be quite scary at
times. Ask local people which
bus company they recommend
(**mana perusahaan bis yang
paling bagus?**). Although most
→

---

a	tap
ai	I
au	now
c	ch
e	uh
e	eh
i	ee
o	hop
sy	sh
u	oo
v	f

Bu

companies run air-conditioned and non-air-conditioned buses, it is worth bearing in mind that Indonesians hate draughts. You can find yourself in an air-con bus which has had the air feeds blocked up with tissues and hankies. 'No smoking' signs have yet to deter an Indonesian from lighting up a cigarette, even on air-con buses, and with no windows to open, you may well find the non-air-con buses a better option all round.

On the shorter bus journeys, from one town to the next for example, a bus conductor is paid on board. It's worth keeping an eye out on what the locals are paying, or ask one or two before you get on board. These buses rarely set off on their journey before they are full. This can mean quite a long wait at the bus station and a slow trawl through the town to pick up other passengers.

You can buy tickets for long-distance buses from a number of different outlets. Travel bureaux in tourist areas will sell tickets to you, often at a highly inflated price. There are always a large number of **lokets** at bus stations which sell tickets, but often bus companies have their offices elsewhere. The cheapest way to get a ticket →

is to find out where the bus company operates from, and buy your ticket directly from their office.

business bisnis
bus station setasiun bis
bus stop setopan bis
bust: bust size ukuran dada
busy (restaurant etc) ramai
(person) sibuk
I'm busy tomorrow besok saya sibuk
but tetapi
butcher's toko daging
butter mentega
button kancing
buy membeli
where can I buy ...? di mana bisa saya membeli ...?
by: by car naik mobil, dengan mobil
written by ... ditulis oleh ...
by the window dekat jendela
by the sea di tepi laut
by Thursday pada hari Kamis
bye sampai jumpa lagi
(said by person leaving) selamat tinggal
(said to person leaving) selamat jalan

C

cabbage kol
cabin (on ship) kabin
café cafe

cagoule baju hujan
cake kue kik
cake shop toko kue
call (verb) memanggil
(to phone) menelepon
what's it called? apa
namanya?
he/she is called ... nama
dia ...
please call the doctor tolong
panggil dokter
please give me a call at 7.30
a.m. tomorrow tolong
bangunkanlah saya pada
jam setengah delapan besok
pagi
please ask him to call me
tolong suruh dia menelepon
saya
call back (phone back)
menelepon kembali
I'll call back later saya akan
menelepon kembali
call round: I'll call round
tomorrow saya mau singgah
besok
camcorder 'video'
camera kamera
camp (verb) camping
can we camp here? boleh
kami camping disini?

camping
Camping is a fairly alien pas-
time to Indonesians, and ac-
commodation is so cheap that
it is not really a useful option.
As a rule, the only places with
→

campsites are the national
parks, and you can often hire a
tent and the necessary equip-
ment from the park office,
though you should check first.

camping gas gas camping
campsite tempat camping
can kaleng
a can of beer sekaleng bir
can*: can you ...? dapat
anda ...?
can I have ...? boleh saya
minta ...?
I can't ... saya tidak bisa ...
Canada Kanada
Canadian (adj) Kanada
I'm Canadian saya orang
Kanada
canal terusan
cancel membatalkan
candies permen
candle lilin
canoe kano
canoeing berkano
can-opener alat pembuka
kaleng
cap (hat) topi
(of bottle) sumbat
car mobil
by car naik mobil
carburettor karburator
card (birthday etc) kartu ulang
tahun
here's my (business) card ini
kartu saya
cardphone telepon umum
kartu

a	tap
ai	I
au	now
c	ch
e	uh
e	eh
i	ee
o	hop
sy	sh
u	oo
v	f

Ca

careful hati-hati
 be careful! hati-hati!, awas!
caretaker penjaga
car ferry feri
car park tempat parkir
carpet karpet
car rental sewa mobil
carriage (of train) gerbong
carrier bag tas
carrot wortel
carry membawa
carry-cot keranjang bayi
carton (of orange juice etc) karton
 (of cigarettes) slof
carwash tempat cuci mobil
case (suitcase) kopor
cash (noun) uang
 will you cash this for me? apa
 ini bisa diuangkan?
cash desk kasa, kasir
cash dispenser a.t.m. [a teh em]
cassette kaset
cassette recorder kaset dek
castle benteng
casualty department bagian
 gawat darurat
cat kucing
catch menangkap
 where do we catch the bus
 to ...? dimana kami naik bis
 ke ...?
cathedral katedral
Catholic (adj) Katolik
cauliflower blumkol
cave gua
CD CD [see dee]
ceiling langit-langit
Celebes Sulawesi

celery seledri
Celsius Celsius
cemetery kuburan
centimetre senti
central pusat
centre pusat
 how do we get to the city
 centre? bagaimana caranya
 ke pusat kota?
certainly tentu saja
 certainly not tentu tidak
chair kursi
change (noun: money) uang kecil
 (verb) menukar
 can I change this for ...? boleh
 saya menukar ini
 dengan ...?
 I don't have any change saya
 tidak punya uang kecil
 can you give me change for a
 20,000-rupiah note? boleh
 saya tukar uang dua puluh
 ribu rupiah?

•••••• DIALOGUE ••••••

do we have to change (trains)? apa
 kami harus ganti kereta api?
yes, change at Bandung ya, harus
 ganti di Bandung
no, it's a direct train tidak, ini
 kereta api langsung

changed: to get changed ganti
 pakaian
charge: what do you charge?
 berapa harganya?
charge card kartu kredit
 see credit card
cheap murah
 do you have anything cheaper?

apa ada yang lebih murah?
check (verb) memeriksa
  could you check the ...,
  please? tolong periksa ...
check (US: cheque) cek
  (US: bill) bon, rekening
  could I have the check, please?
  boleh minta rekening?
check book buku cek
check card kartu cek
check in cek in
  where do we have to check in?
  di mana tempat cek in?
check-in tempat cek in
cheek pipi
cheerio! sampai jumpa!
cheers! (toast) selamat!
cheese keju
chemist's apotik
  see pharmacy
cheque cek
  do you take cheques? apa cek
  diterima disini?
cheque book buku cek
cheque card kartu cek
cherry buah ceri
chess catur
chest dada
chewing gum permen karet
chicken daging ayam
chickenpox cacar air
child anak
child minder penjaga anak
children anak-anak

Indonesians like children very much, and it is considered a social duty to have them. Their →

reaction to childless people in their late twenties or early thirties, women in particular, can range from pity to suspicion. The head is considered sacred in Indonesia, so you should not pat a child on the head or ruffle its hair as a sign of affection.

children's pool kolam renang
  anak-anak
children's portion porsi anak-
  anak
chilled dingin
chin dagu
china barang pecah belah
China Cina
Chinese (adj) Cina
chips goreng kentang
  (US) keripik
chocolate coklat
  milk chocolate coklat susu
  plain chocolate coklat biasa
  a hot chocolate coklat
  panas
choose memilih
Christian Kristen
Christian name nama depan
Christmas Natal
  Christmas Eve Malam Natal
  Merry Christmas! selamat
  Natal!
  (on Christmas day) selamat hari
  Natal!
church gereja
cigar cerutu
cigarette rokok

a	tap
ai	I
au	now
c	ch
e	uh
e	eh
i	ee
o	hop
sy	sh
u	oo
v	f

ci

Most Indonesian men smoke. Many women do too, but not in public. Indonesia is famous for the **kretek** (clove cigarette). These highly aromatic blends of tobacco and cloves are deceptively lethal – they contain one of the highest tar and nicotine levels of all cigarette brands. Younger Indonesians tend to prefer Western cigarettes such as **Marlboro** and **Lucky Strike**, although most of the main international brands are available.

Even if you don't smoke, you might consider the benefits of carrying a packet around with you. Offering someone (male) a cigarette who has just helped you find your way, or who is chatting with you at a warung or on a bus is a good way of saying thank you and breaking the ice. The 'no smoking' signs found in offices, buses and other forms of public transport are largely ignored by Indonesians.

cigarette lighter set**ek**er, pemantik api
cinema bioskop

All major towns in Indonesia have air-conditioned cinemas which show all the latest films. These are particularly good places to go and cool off on a →

hot and sticky day. The films shown in such cinemas are pretty much the same as films shown all over the globe, with a considerable Hollywood bias. Kung-fu films from Hong Kong and China are also popular. Films are shown in the original language with subtitles. All smaller towns have cinemas, though most are not air-conditioned, and tend to show low-budget 'action' movies, some of which are Indonesian.

city kota
city centre pusat kota
clean (adj) bersih
  can you clean these for me?
  apa ini bisa dicuci?
cleaning solution (for contact lenses) cairan pembersih lensa kontak
cleansing lotion obat pembersih kulit
clear terang
  (obvious) jelas
clever pandai
cliff tebing
climbing mendaki
clinic klinik
cloakroom kamar mantel
clock jam
close (verb) menutup
  please close the window
  tolong tutup jendela

●●●●●● DIALOGUE ●●●●●●

what time do you close? jam
berapa anda tutup?
we close at 8 p.m. on weekdays
and 6 p.m. on Saturdays kami
tutup pada jam delapan hari
Senin sampai hari Jumat, dan
pada jam enam hari Sabtu
do you close for lunch? apa anda
tutup waktu makan siang?
yes, between 1 and 2 p.m. ya,
antara jam satu dan jam dua

closed tutup
cloth (fabric) kain
  (for cleaning etc) lap
clothes pakaian
clothes line tali jemuran
clothes peg jepitan untuk
  menjemur pakaian
cloud awan
cloudy berawan
clutch kopling
coach (bus) bis
  (on train) gerbong
coach station setasiun bis,
  terminal bis
coach trip perjalanan bis
coast pantai, pesisir
  on the coast di daerah pantai
coat jas
coathanger gantungan jas
cockroach kecoa
cocoa kakao
coconut kelapa
code (for phoning) kode
  what's the (dialling) code
  for ...? berapa kode untuk
  kota ...?
coffee kopi

two coffees, please tolong,
minta dua cangkir kopi

Indonesians like their coffee
sweet, and so you should specify
if you only take a little or no
sugar at all – **kopi pahit** means
'black coffee without sugar'. It
is also worth bearing in mind
that a **kopi susu**, 'coffee with
milk', uses condensed milk,
which is very sweet indeed. In-
donesian coffee is made by
pouring hot water on coffee pow-
der (**kopi bubuk** – not instant),
and so you must wait a while for
it to settle before drinking.
Indocafe is Indonesia's main
brand of instant coffee, and
Nescafé is widely available.

coin uang logam
Coke® coca cola
cold dingin
  I'm cold saya dingin
  I have a cold saya sakit sele
  sma
collapse: he's collapsed dia
  jatuh pingsan
collar kerah
collect (stamps etc)
  mengumpulkan
  I've come to collect ... saya
  datang untuk mangambil ...
collect call 'collect call', bayar
  disana
college perguruan tinggi
colour warna
  do you have this in other

a	tap
ai	I
au	now
c	ch
e	uh
e	eh
i	ee
o	hop
sy	sh
u	oo
v	f

| Co

colours? apa ada warna lain?
colour film 'film' berwarna
comb sisir
come datang

•••••• DIALOGUE ••••••

where do you come from? anda
berasal dari mana?
I come from Edinburgh saya
berasal dari Edinburgh

come back kembali
I'll come back tomorrow saya
akan kembali besok
come in masuk
comfortable nyaman
compact disc kompak disk
company (business) perusahaan
compartment (on train)
kompartemen
compass kompas
complain mengeluh
complaint keluhan
I have a complaint saya mau
mengadu
completely sama sekali
computer komputer
concert konser
concussion gegar
conditioner (for hair) pelembut
rambut
condom kondom
conference pertemuan
confirm mengkonfirmasikan
congratulations! selamat!
connecting flight penerbangan
bersambung
connection sambungan
conscious sadar
constipation sembelit

consulate konsulat
contact (verb) menghubungi
contact lenses lensa kontak
contraceptive kontraseptif
convenient sesuai
that's not convenient itu
menyusahkan
cook (verb) memasak
not cooked kurang masak
cooker kompor
cookie biskuit
cooking utensils alat masak
cool sejuk
coral karang
cork perop botol
corkscrew kotrek
corner: on the corner di
simpang
in the corner di sudut
correct (right) betul
corridor gang
cosmetics kosmetik
cost: how much does it cost?
berapa harga itu?
cot tempat tidur anak
cotton katun
cotton wool kapas
couch sofa
couchette tempat tidur di
kereta api
cough batuk
cough medicine obat batuk
could: could you ...? tolong ...
could I have ...? saya mau ...
I couldn't ... saya tidak
bisa ...
country negeri
countryside luar kota
couple (two people) pasangan

a couple of ... beberapa ...
courier (rep) wakil
course (main course etc) hidangan
    utama
    of course tentu saja
    of course not tentu tidak
cousin sepupu
cow sapi betina
crab kepiting
cracker biskuit
craft shop toko kerajinan
    tangan
crash: I've had a crash saya
    tabrakan
crazy gila
cream (in cake etc) krim
    (lotion) losion
    (colour) berwarna krem
creche tempat penitipan bayi
credit card kartu kredit
    do you take credit cards? apa
    anda menerima kartu
    kredit?

All the large hotels and depart-
ment stores, as well as travel
agents, accept the major credit
cards. You can also obtain cash
with credit cards in a number of
banks. Check with your card
company to find out which
Indonesian banks they have
agreements with. Cashpoints/
ATMs can now be found in
Indonesia's major cities – ask
for addresses from your card
company before you set off.

•••••• DIALOGUE ••••••

can I pay by credit card? boleh
saya pakai kartu kredit?
which card do you want to use?
anda mau pakai kartu apa?
Mastercard/Visa
yes, sir boleh
what's the number? berapa
nomornya?
and the expiry date? dan tanggal
berakhir?

crisps keripik
crockery pecah-belah
crossing (by sea)
    penyeberangan
crossroads persimpangan jalan
crowd ramai orang
crowded ramai
crown (on tooth) kepala gigi
cruise pelayaran
crutches tongkat ketiak
cry (verb) menangis
cucumber ketimun
cup cangkir
    a cup of ..., please tolong,
    secangkir ...
cupboard lemari
curly keriting
current (electrical, in water) arus
curtains gorden
cushion bantal
custom adat
Customs bea cukai

a	tap
ai	I
au	now
c	ch
e	uh
e	eh
i	ee
o	hop
sy	sh
u	oo
v	f

Cu

Narcotics, arms, ammunition,
pornographic material, TV sets,
radios and cassette recorders
are prohibited, as is Chinese
→

medicine and any printed matter with Chinese characters on it. Laws on electronic goods change frequently, and are often stricter in theory than in practice, but it should be OK to bring in personal stereos, video cameras and laptop computers. Customs allowance of duty-free goods includes two litres of alcohol, 200 cigarettes or 50 cigars or 100 grammes of tobacco and a 'reasonable' amount of perfume.

There are no restrictions on the amount of foreign currency imported or exported, but there is an import/export limit of 50,000 rupiah.

cut (noun) luka
(verb) memotong
I've cut myself saya kena luka
cutlery sendok-garpu
cycling naik sepeda
cyclist pengendara sepeda

D

dad bapak, ayah
daily harian
damage (verb) merusak
damaged rusak
I'm sorry, I've damaged this maaf, saya merusakkan ini
damn! sialan!
damp (adj) lembab
dance (noun) dansa
(traditional) tarian
(verb) berdansa
(traditional) menari
would you like to dance? apa anda mau berdansa?
dangerous berbahaya
Danish (adj) Denmark
dark: dark hair rambut hitam
dark red merah tua
it's getting dark hari mulai gelap
date*: what's the date today? tanggal berapa hari ini?
let's make a date for next Monday mari kita buat janji untuk hari Senin besok
dates (fruit) kurma
daughter anak perumpuan
daughter-in-law menantu perempuan
dawn fajar
at dawn pada waktu fajar
day hari
the day after hari yang berikut
the day after tomorrow lusa
the day before hari sebelumnya
the day before yesterday kemarin dulu
every day setiap hari
all day sepanjang hari
in two days' time dalam waktu dua hari
day trip perjalanan hari
dead sudah meninggal
deaf tuli
deal (business) perjanjian
it's a deal boleh
death kematian

decaffeinated coffee kopi tidak berkafein

December Desember

decide memutuskan

we haven't decided yet kami belum siap

decision putusan

deck (on ship) dek

deckchair kursi dek

deep dalam

definitely pasti

definitely not sama sekali tidak

degree (qualification) gelar

delay (noun) kelambatan

deliberately sengaja

delicious enak

delivery (of mail) pengiriman

Denmark Denmark

dental floss benang pembersih gigi

dentist dokter gigi

•••••• DIALOGUE ••••••

it's this one here inilah dia

this one? yang ini?

no, that one bukan, bukan yang itu

here disini

yes ya

The cost of good dental care can be very high in Indonesia, so make sure you take out full health insurance before you travel. You can obtain the name of a good dentist from your hotel, tourist office or pharmacy (apotek).

→

Indonesian health education is of a high standard, but you should nonetheless check that sterilized needles and equipment are used.

dentures gigi palsu

deodorant deodoran

department bagian

department store toko serba ada

departure keberangkatan

departure lounge ruang tunggu keberangkatan

depend: it depends tergantung

it depends on ... tergantung pada ...

deposit (as security) deposit

(as part payment) uang tanggungan

dessert cuci mulut

destination tempat tujuan

develop mencuci

•••••• DIALOGUE ••••••

could you develop these films? tolong 'film-film' ini dicuci-cetak

yes, certainly ya, boleh

when will they be ready? kapan siap?

tomorrow afternoon besok sore

how much is the four-hour service? berapa kalau yang empat jam selesai?

diabetic diabetik

diabetic foods makanan diabetik

dial (verb) memutar

dialling code kode telepon

a	tap
ai	I
au	now
c	ch
e	uh
e	eh
i	ee
o	hop
sy	sh
u	oo
v	f

Di

If you are calling Indonesia from abroad, the international dialling code is 62. When phoning from Indonesia, dial 001 and then the relevant country code:

Australia 61	Canada 1
Ireland 353	New Zealand 64
USA 1	UK 44

All telecommunications offices will be able to provide you with international dialling codes.

diamond berlian
diaper popok
diarrhoea diare, murus
  do you have something for diarrhoea? apa ada obat untuk diare?
diary buku harian
dictionary kamus
didn't* tidak jadi
  see not
die meninggal
diesel disel, solar
diet 'diet'
  I'm on a diet saya sedang ikut 'diet'
  I have to follow a special diet saya harus 'diet' khusus
difference perbedaan
  what's the difference? apa bedanya?
different berbeda
  this one is different yang ini berbeda
  a different table meja yang berbeda
difficult sulit

difficulty kesulitan
dinghy perahu tiup
dining room ruang makan
dinner (evening meal) makan malam
  to have dinner makan malam
direct (adj) langsung
  is there a direct train? ada kereta api langsung?
direction arah
  which direction is ...? ke arah yang mana ...?
  is ... in this direction? apa ... berada di arah sini?
directory enquiries penerangan telepon

For local directory enquiries dial 106 (in Jakarta 108); and for international directory enquiries dial 102; the number for the operator is 101.

dirt kotoran
dirty kotor
disabled cacat
  is there access for the disabled? apa ada pintu masuk untuk orang cacat?
disappear hilang
  it's disappeared itu menghilang
disappointed kecewa
disappointing mengecewakan
disaster musibah
disco disko
discount diskon
  is there a discount? ada diskon?

disease penyakit

disgusting memuakkan

dish (meal) hidangan

(bowl) mangkok

(plate) piring

dishcloth lap

disinfectant (noun) obat
pembunuh kuman

disk (for computer) disk

disposable diapers/nappies
popok sekali pakai

distance jarak

in the distance masih terlihat

district daerah

disturb mengganggu

diversion (detour) pengalihan

diving board papan lompat

divorced cerai

dizzy: I feel dizzy saya pusing

do melakukan

what shall we do? apa yang
kita lakukan?

how do you do it? bagaimana
dikerjakan?

will you do it for me? tolong
kerjakan ini untuk saya

•••••• DIALOGUES ••••••

how do you do? apa kabar?

nice to meet you senang bertemu
anda

what do you do? (work) apa
pekerjaan anda?

I'm a teacher, and you? saya guru,
dan anda?

I'm a student saya mahasiswa

what are you doing this evening?
apa ada rencana malam ini?

we're going out, do you want to
join us? kami akan pergi jalan-
jalan, mau ikut?

do you want chilli relish? apa anda
mau sambal?

I do, but she doesn't saya mau,
tetapi dia tidak

doctor dokter

we need a doctor kami perlu
dokter

please call a doctor tolong
panggil dokter

•••••• DIALOGUE ••••••

where does it hurt? di mana sakit?

right here di sini

does that hurt now? apa masih
sakit?

yes ya

take this to the pharmacy bawa ini
ke apotik

a	tap
ai	I
au	now
c	ch
e	uh
e	eh
i	ee
o	hop
sy	sh
u	oo
v	f

Before you set off on your trav-
els, make sure you have taken
out travel insurance. If you do
not have a serious ailment, it is
worth going to the pharmacy
(**apotek**) first, to seek advice
from the pharmacist. They will
probably be able to save you a
long wait and the expense of a
doctor's appointment. If you
need to see a doctor, ask the
pharmacist, hotel or tourist of-
fice to recommend one to you.
Surgery times vary – they are
often open in the mornings and
evenings only.

→

Do

All towns will have at least one hospital. There are usually both state-run and private hospitals, some of which are run by religious organizations. Standards vary, so again it's a good idea to get a consensus on a recommended hospital from a number of sources.

In the event of serious illness, contact your embassy and insurance company for advice. You may need to fly home, but you could also consider flying to Singapore, where hospital care is of an extremely high standard and everyone speaks English fluently.

document dokumen
dog anjing
doll boneka
domestic flight penerbangan dalam negeri
don't!, don't do that!* jangan! see **not**
door pintu
doorman penjaga pintu
double duaganda
double bed tempat tidur untuk dua orang
double room kamar untuk dua orang
doughnut donat
down di bawah
  down here di bawah sini
  put it down over there letakkanlah disitu

it's down there on the right di situ, di sebelah kanan
  it's further down the road masih terus ke sana
downmarket (restaurant etc) sederhana
downstairs di lantai bawah
dozen lusin
  half a dozen setengah lusin
drain saluran
drawer laci
drawing lukisan
dreadful (food, time) tidak enak (weather) buruk
dream (noun) mimpi
dress (noun) gaun

Despite the diversity of religious and cultural influences in Indonesia, it is considered offensive to be scantily or scruffily dressed. If you are not covered up or if you look untidy, you might be subjected to complaints or catcalls. Shoulders especially should be covered and shorts should reach down to the knee. Take extra care when visiting mosques, temples or palaces and note what the locals are wearing. Nudity is offensive and beachwear should be covered up when strolling back to the hotel.

dressing (for cut) pembalut
  salad dressing saus slada
dressing gown jas kamar
drink (noun) minuman

(spirits) minuman keras
(verb) minum
a cold drink minuman dingin
what do you want to drink?
mau minum apa?
no thanks, I don't drink terima
kasih, saya tidak minum
alkohol
I'll just have a drink of water
segelas air saja
see bar
drinking water air minum
is this drinking water? apa ini
air minum?

Do not drink water from the
tap. Restaurants and hotels
should serve boiled water –
water must be boiled for at least
15 minutes to make it safe to
drink. Ice is usually made from
boiled water, but you should
check first. If in doubt, avoid it.
To be on the safe side, buy bot-
tled water, which is available
everywhere.

drive (verb) mengemudi
we drove here kami naik
mobil ke sini
I'll drive you home saya akan
mengantarkan anda pulang
driver pengemudi

driving
Traffic in cities is chaotic and
the main roads are very busy day
and night with long-distance
→

buses and lorries. Country roads
can be very poor, particularly in
the rainy season. Indonesians
are not always insured to drive,
the safety of rented cars and
motorbikes is questionable and
in the event of an accident, you
cannot rely on witnesses or the
police. In fact the traffic police
are notoriously corrupt and can
make life very difficult for you
in their search for a fast buck.
You are probably much better off
negotiating a deal whereby you
rent a car with a driver who
knows the area. In fact this can
work out cheaper than the cost
of a rented car without a driver,
as a local person offering to
drive you around in his own car
is likely to ask for less money.

driving licence SIM [sim]
drop: just a drop (of drink)
sedikit saja
drug obat
drugs (narcotics) narkotika
drunk (adj) mabuk
drunken driving mengemudi
sedang mabuk
dry (adj) kering
dry-cleaner binatu kimia
duck (meat) daging bebek,
daging itik
due: he was due to arrive
yesterday rencananya datang
kemarin
when is the train due? kapan

a	tap
ai	I
au	now
c	ch
e	uh
e	eh
i	ee
o	hop
sy	sh
u	oo
v	f

Du

kereta api datang?
dull (pain) agak sakit
  (weather) gerimis
during selama
dust debu
dustbin tempat sampah
dusty berdebu
Dutch Belanda
duty-free (goods) bebas bea
duty-free shop toko bebas bea

E

each (every) masing-masing
  how much are they each?
  berapa harganya satu?
ear telinga
earache: I have earache saya
  sakit telinga
early awal
  early in the morning pagi-
  pagi
  I called by earlier saya sudah
  singgah tadi
earrings anting-anting
east timur
  in the east di daerah timur
Easter Paskah
eastern bagian timur
easy mudah
eat makan
  we've already eaten, thanks
  kami sudah makan, terima
  kasih

eating habits
Most Indonesians eat rice three
times a day – often frying the
leftover rice from the night
before for breakfast. Indo-
nesians like to eat vegetables
and either fish or meat with
their rice, usually with sambal
(chilli relish) as accompani-
ment. There are no desserts or
puddings as such – usually a
banana will do. Sweet foods
such as glutinous rice and
coconut milk dishes are usually
eaten as snacks. Eating is a
social pastime: if you call round
to visit someone, they will
usually endeavour to serve you
a snack of some kind. Indo-
nesians often offer their food to
those around them who are not
eating, and although this offer
is sincere, it's rare for people to
take them up on it.

economy class kelas ekonomi
egg telur
eggplant terung
either: either ... or ... atau ...
  atau ...
  either of them salah satu
  diantaranya boleh
elastic (noun) elastik
elastic band gelang karet
elbow siku
electric listrik
electrical appliances barang-
  barang listrik

electrician tukang listrik
electricity listrik
  see **voltage**
elevator 'lift'
else: something else sesuatu
  yang lain
  somewhere else di tempat
  lain

•••••• D I A L O G U E ••••••

  would you like anything else? apa
  ada lagi yang anda perlu?
  no, nothing else, thanks tidak ada,
  terima kasih

embassy kedutaan besar
emergency darurat
  this is an emergency! ini
  keadaan darurat!
emergency exit pintu darurat
empty kosong
end (noun) akhir
  at the end of the street di
  ujung jalan
  when does it end? jam berapa
  selesainya?
engaged (toilet, telephone)
  dipakai
  (to be married) bertunangan
engine (car) mesin
England Inggris
English (adj) Inggris
  (language) bahasa Inggris
  I'm English saya orang
  Inggris
  do you speak English? apa
  anda bisa berbicara bahasa
  Inggris?
enjoy: to enjoy oneself
  bersenang-senang

•••••• D I A L O G U E ••••••

  how did you like the film?
  anda senang nonton 'film' itu?
  I enjoyed it very much, did you
  enjoy it? ya, saya sangat senang
  nontonnya, kalau anda
  bagaimana?

enjoyable menyenangkan
enlargement (of photo)
  pembesaran
enormous besar sekali
enough cukup
  there's not enough belum
  cukup
  it's not big enough tidak
  cukup besar
  that's enough sudah cukup
entrance (noun) pintu masuk
envelope amplop
epileptic epileptik
equipment alat-alat
error kesalahan
especially terutama
essential yang perlu
  it is essential that ... perlu
  sekali bahwa ...
EU Penyatuan Eropa
Europe Eropa
European (adj) Eropa
even ... ... pun
  even if ... kalau pun ...
evening malam
  this evening malam ini
  in the evening pada malam
  hari
evening meal makan malam
eventually akhirnya
ever pernah

a	tap
ai	I
au	now
c	ch
e	uh
e	eh
i	ee
o	hop
sy	sh
u	oo
v	f

Ev

•••••• DIALOGUE ••••••

have you ever been to Ambon? apa
anda sudah pernah ke Ambon?
yes, I was there two years ago ya,
saya pernah ke sana dua tahun
lalu

every tiap
  every day tiap hari
everyone setiap orang
everything segalanya
everywhere di mana-mana
exactly! persis!
exam ujian
example contoh
  for example contohnya
excellent bagus sekali
  (food) enak sekali
  excellent! baik sekali!
except terkecuali
excess baggage bagasi lebih
exchange rate kurs
exciting (day, holiday)
  menggairahkan
  (film) mengasyikkan
excuse me! maaf!
exhausted (tired) capai
exhaust (pipe) knalpot
exhibition pameran
exit pintu keluar
  where's the nearest exit? di
  mana pintu keluar yang
  paling dekat?
expect mengharapkan
  (guess) menyangka
expensive mahal
experienced berpengalaman
explain menerangkan
  can you explain that? tolong

dijelaskan
express (mail, train) kilat
extension (telephone) pesawat
  extension 221, please tolong,
  pesawat dua dua satu
extension lead kabel
  sambungan
extra: can we have an extra
  one? bisa minta satu lagi?
  do you charge extra for that?
  ada harga tambahan untuk
  itu?
extraordinary luar biasa
extremely sangat
eye mata
  will you keep an eye on my
  suitcase for me? apa anda
  bisa menjaga barang-barang
  saya sebentar?
eyebrow pencil pensil alis
eye drops tetes mata
eyeglasses (US) kacamata
eyeliner pensil mata
eye make-up remover obat
  pembersih dandanan mata
eye shadow celak

F

face muka
factory pabrik
faint (verb) pingsan
  she's fainted dia pingsan
  I feel faint saya merasa
  pusing
fair (funfair) pekan raya
  (adj) adil
fairly agak
fake palsu

fall (verb) jatuh
  she's had a fall dia jatuh
fall (US) musim gugur
  in the fall pada musim gugur
false palsu
family keluarga
famous terkenal
fan kipas
  (sports) penggemar
fan belt tali kipas
fantastic luar biasa
far jauh

•••••• DIALOGUE ••••••

  is it far from here? apa itu jauh
  dari sini?
  no, not very far tidak, tidak begitu
  jauh
  well, how far? berapa jauh?
  it's about 20 kilometres kira-kira
  dua puluh kilometer

fare ongkos perjalanan
farm pertanian
fashionable moderen
fast cepat
fat (person) gemuk
  (on meat) lemak
father ayah, bapak
father-in-law bapak mertua
faucet keran
fault salah
  sorry, it was my fault maaf, itu
  salah saya
  it's not my fault itu bukan
  salah saya
faulty rusak
favourite favorit
fax (noun) 'fax'
  (verb: document) kirim 'fax'

February Februari
feel merasa
  I feel hot saya panas
  I feel unwell saya sakit
  I feel like going for a walk saya
  mau jalan-jalan
  how are you feeling? apa
  kabar?
  I'm feeling better saya sudah
  sembuh
felt-tip (pen) pensil kelir
  berwarna
fence pagar
fender bemper
ferry feri

As it is an archipelago made up of over 13,600 islands, Indonesia is replete with ferry services. The state shipping company, PELNI, covers a number of the major routes, for example between Java and Sumatra, Sulawesi, Maluku, Kalimantan, Irian Jaya etc. These boats run around once a fortnight, so you should check timetables some way in advance of your planned journey, and it is advisable to book ahead. PELNI also connects smaller ports with its Pelayaran Perintis service. It is also possible to negotiate transport between some of the closer islands with local boat owners and cargo services.
PELNI has a good safety record.
→

a tap
ai I
au now
c ch
e uh
e eh
i ee
o hop
sy sh
u oo
v f

Fe

The longer routes offer first-class cabin accommodation and food is included in the price of the ticket. Remember that there can be no guarantees for the safety standard of passage secured on cargo ships and local privately owned boats.

festival upacara

Indonesia abounds with the festivals celebrated by hundreds of different cultures. Most festivals are movable, being dependent on religious and traditional calendars. Some festivals occur annually, whilst others may be celebrated only once every decade or even every century. However, temple anniversary celebrations in Bali ensure that every day is festival day somewhere on the island.

Birth, marriage, death and other rites-of-passage ceremonies, such as circumcision and tooth filing, bring a village together in celebration of life or in honour of the dead. Hindu Bali is famous for its colourful cremations, whereas circumcision festivals are celebrated amongst Muslim communities.

fetch ambil
I'll fetch him saya akan menjemput dia

will you come and fetch me later? apa anda bisa menjemput saya nanti?
feverish pening
few: a few beberapa
a few days beberapa hari
fiancé tunangan
fiancée tunangan
field lapangan
fight (noun) perkelahian
figs ara
Filipino (adj) Filipina
fill in mengisikan
do I have to fill this in? apa saya harus mengisikan ini?
fill up diisi
fill it up, please! tolong diisi!
filling (in cake, sandwich) isi
(in tooth) tambal gigi
film 'film'

•••••• DIALOGUE ••••••

do you have this kind of film? apa ada 'film' semacam ini?
yes, how many exposures? ya, ada, mau yang isinya berapa?
36 tiga puluh enam

film processing cuci-cetak 'film'
filthy kotor
find (verb) menemukan
I can't find it saya tidak bisa menemukannya
I've found it sudah ditemukan
find out mengetahui
could you find out for me? bisa anda caritahu untuk saya?
fine (weather) bagus
(punishment) denda

•••••• DIALOGUES ••••••

how are you? apa kabar?
I'm fine, thanks baik-baik saja

is that OK? bagaimana, bisakah?
that's fine, thanks ya, bisakah

finger jari
finish (verb) menyelesaikan
I haven't finished yet saya
belum selesai
when does it finish? kapan
selesainya?
fire api
(blaze) kebakaran
fire! ada api!
can we light a fire here? bisa
kami memasak api di sini?
it's on fire terbakar
fire alarm bel kebakaran
fire brigade pasukan pemadam
kebakaran

The number for the fire brigade
is 113, though you can also con-
tact the local police.

fire escape jalan keluar
kebakaran
fire extinguisher pemadam api
first pertama
I was first saya yang pertama
at first pada pertama
the first time kali yang
pertama
first on the left belok kiri
yang pertama
first aid PPPK [peh tiga ka]
first-aid kit kotak PPPK [peh tiga
ka]

first class (travel etc) kelas satu
first floor lantai satu
(US) lantai dasar
first name nama depan
fish (noun) ikan
fishing: to go fishing pergi
memancing ikan
fishing village kampung
nelayan
fishmonger's toko ikan
fit: it doesn't fit me ini tidak
cocok
fitting room ruang pas
fix (verb: arrange) menguruskan
can you fix this? (repair) apa
anda bisa memperbaiki ini?
fizzy bersoda
flag bendera
flannel anduk
flash (for camera) blitz
flat (noun: apartment) apartemen
(adj) datar
I've got a flat tyre ban saya
kempes
flavour rasa
flea kutu
flight penerbangan
flight number nomor
penerbangan
flippers fliper
flood banjir
floor (of room, storey) lantai
on the floor di atas lantai
florist toko bunga
flour tepung terigu
flower bunga
flu influensa
fluent: he speaks fluent

a	tap
ai	I
au	now
c	ch
e	uh
e	eh
i	ee
o	hop
sy	sh
u	oo
v	f

FI

Indonesian dia lancar
berbahasa Indonesia
fly (noun) lalat
(verb) terbang
can we fly there? apa kami
bisa naik pesawat terbang
ke sana?
fog kabur
foggy: it's foggy berkabur
folk dancing tari adat
folk music musik adat
follow ikut
follow me ikut saya
food makanan
food poisoning keracunan
makanan
food shop/store toko makanan
foot (of person, measurement) kaki
on foot jalan kaki
football (game) sepak bola
(ball) bola
football match pertandingan
sepakbola
for: do you have something
for ...? (headache/diarrhoea etc)
apa ada obat untuk ...?

•••••• DIALOGUES ••••••

who's the nasi goreng for? nasi
goreng ini untuk siapa?
that's for me itu untuk saya
and this one? dan yang ini?
that's for her itu untuk dia

where do I get the bus for Bogor?
di mana naik bis ke Bogor?
the bus for Bogor leaves from
Sudirman Street bis ke Bogor
berangkat dari jalan Sudirman

how long have you been here?
sudah berapa lama di sini?
I've been here for two days, how
about you? sudah dua hari, kalau
anda?
I've been here for a week sudah
satu minggu

forehead dahi
foreign asing
foreigner orang asing
(Westerner) orang barat
forest hutan
forget lupa
I forget, I've forgotten saya
lupa
fork garpu
(in road) cabang
form (document) formulir
formal (dress) resmi
fortnight dua minggu
fortunately untung
forward: could you forward my
mail? tolong teruskan pos
saya
forwarding address alamat
baru
fountain air mancur
foyer ruang tunggu
fracture (noun) retak
France Perancis
free bebas
(no charge) gratis
is it free (of charge)? apa ini
gratis?
freeway jalan tol
freezer 'freezer'
French (adj) Perancis
(language) bahasa Perancis

French fries goreng kentang
frequent sering
  how frequent is the bus to
  Solo? berapa sering bis ke
  Solo?
fresh (weather, breeze) sejuk
  (fruit) segar
fresh orange juice air jeruk
  murni
Friday hari Jumat
fridge kulkas
fried digoreng
fried egg telur mata sapi
fried rice nasi goreng
friend teman
friendly ramah
from dari
  when does the next train from
  Surabaya arrive? kapan kereta
  api yang berikut dari
  Surabaya tiba?
  from Monday to Friday dari
  hari Senin sampai hari
  Jumat
  from next Thursday setelah
  hari Kamis depan

•••••• DIALOGUE ••••••

  where are you from? anda berasal
  dari mana?
  I'm from Slough saya dari Slough

front (front part) bagian depan
  in front, at the front di depan
  in front of the hotel di depan
  hotel
frozen food makanan beku
fruit buah-buahan
fruit juice sari buah-buahan

fry menggoreng
frying pan kuali
full penuh
  it's full of ... penuh
  dengan ...
  I'm full saya sudah kenyang
full board sewa kamar
  termasuk makan
fun: it was fun menyenangkan
funeral pemakaman
funny (strange) aneh
  (amusing) lucu
furniture mebel
further lebih jauh
  it's further down the road
  lebih jauh sepanjang jalan
  ini

•••••• DIALOGUE ••••••

  how much further is it to
  Yogyakarta? berapa lama lagi ke
  Yogyakarta?
  about 5 kilometres kira-kira lima
  kilometer

fuse sekering
  the lights have fused
  sekeringnya putus
fuse box kotak sekering
fuse wire kabel sekering
future masa depan
  in future lain kali

G

game (cards etc) kartu
  permainan
  (match) pertandingan
  (meat) hewan buruan

a	ta̲p
ai	I
au	no̲w
c	ch
e	uh
e	eh
i	ee
o	ho̲p
sy	sh
u	oo
v	f

Ga

garage (for fuel) pompa bensin
  (for repairs) bengkel
  (for parking) garasi
garden kebun
garlic bawang putih
gas 'gas'
  (US) bensin
gas cylinder (camping gas) tabung 'gas'
gas permeable lenses lensa kontak g.p. [geh peh]
gas station pompa bensin
gate pintu
gay homoseksual
gay bar bar homoseksual [bar-r]
gearbox kotak persneling
gear lever tongkat persneling
gears gigi
general (adj) umum
gents' toilet w.c. pria [weh seh]
genuine (antique etc) asli
German (adj) Jerman
  (language) bahasa Jerman
German measles biring peluh
Germany negara Jerman

gestures
The left hand is used for toilet purposes and is thus seen as 'unclean', so try not give or receive objects with this hand. However, there are some occasions when you cannot avoid using your left hand. For example, Indonesians often eat with their right hand and if someone asks you to pass the sambal, →

you're going to have to use your left hand (unless you want to cover the pot in grease and sauce); saying 'maaf' (sorry) is fine in such circumstances. Do not point at people or things as this is considered very rude, especially in Java. To beckon a waiter or taxi driver use all four fingers in a downward flagging motion; avoid showing the palms of your hands when beckoning someone and don't raise your arm right up as you would do in the West when hailing a taxi.

Showing deference to those of a higher status involves a complex series of spoken and physical gestures. As a sign of respect, Indonesians will slightly drop the right shoulder when passing an elder. The more respectful, the greater the stoop.

get (fetch) mendapatkan
could you get me another one, please? bisa saya memesan satu lagi?
how do I get to ...? bagaimana caranya untuk ke ...?
do you know where I can get them? di mana bisa saya mendapatkannya?

• • • • • • D I A L O G U E • • • • • •

can I get you a drink? mau minum apa?

no, I'll get this one, what would you like? tidak, saya yang bayar, anda mau minum apa?

a glass of red wine segelas anggur merah

get back (return) kembali

get in (arrive) pulang

get off turun

 where do I get off? di mana harus saya turun?

get on (to train etc) naik

get out (of car etc) turun

get up (in the morning) bangun

gift hadiah

gift shop toko hadiah

gin jin

 a gin and tonic, please minta segelas jin-tonik

girl gadis

girlfriend pacar

give memberi

 can you give me some change? saya minta uang kecil

 I gave it to him saya memberikanya kepada dia

 will you give this to ...? boleh saya titip ini untuk ...?

• • • • • • D I A L O G U E • • • • • •

how much do you want for this? berapa untuk ini?

3,000 rupiah tiga ribu rupiah

I'll give you 2,000 rupiah dua ribu rupiah saja boleh?

give back mengembalikan

glad gembira

glass gelas

 wine glass gelas anggur

 a glass of wine segelas anggur

glasses kacamata

gloves sarung tangan

glue (noun) lem

go pergi

 we'd like to go to the Taman Mini kami mau pergi ke Taman Mini

 where are you going? mau ke mana?

 where does this bus go? bis ini akan ke mana?

 let's go! mari!

 she's gone (left) dia sudah pergi

 where has he gone? ke mana dia pergi?

 I went there last week saya pergi ke sana minggu yang lalu

 hamburger to go 'hamburger' untuk dibawa pulang

go away pergi

 go away! pergilah!

go back (return) kembali

go down (the stairs etc) turun

go in masuk

go out keluar

 (in the evening) jalan-jalan

 do you want to go out tonight? apa anda mau jalan-jalan malam ini?

go through melewati

go up (the stairs etc) naik ke atas

a	tap
ai	I
au	now
c	ch
e	uh
e	eh
i	ee
o	hop
sy	sh
u	oo
v	f

Go

goat kambing

God Tuhan

goggles kacamata selam

gold emas

golf 'golf'

golf course lapangan 'golf'

good baik

good! baik!

it's no good tidak baik

goodbye sampai jumpa lagi

(said by person leaving) selamat tinggal

(said to person leaving) selamat jalan

good evening selamat malam

Good Friday Jumat Besar

good morning selamat pagi

good night selamat malam

(when going to bed) selamat tidur

goose angsa

got: we've got to leave kami harus pergi sekarang

have you got any ...? apa anda punya ...?

government pemerintah

gradually sedikit demi sedikit

grammar tata bahasa

gram(me) 'gram'

granddaughter cucu perempuan

grandfather kakek

grandmother nenek

grandson cucu laki-laki

grapefruit 'grapefruit'

grapefruit juice sari 'grapefruit'

grapes anggur

grass rumput

grateful berterimakasih

gravy kuah

great (excellent) bagus sekali

that's great! hebat!, bagus sekali!

a great success sangat berhasil

Great Britain Inggris Raya

greedy rakus

green hijau

green card (car insurance) asuransi mobil

greengrocer's pedagang sayur-sayuran

grey abu-abu

grill (noun) alat pemanggang

grilled dipanggang

grocer's toko pangan

ground bumi

on the ground di atas bumi

ground floor lantai dasar

group kelompok

guarantee jaminan

is it guaranteed? apa ini dijamin?

guest tamu

guesthouse wisma tamu

see hotel

guide (person) pemandu

guidebook buku pedoman

guided tour giatan

guitar gitar

gum (in mouth) gusi

gun 'pistol'

(rifle) senapan

gym ruang olahraga

H

hair rambut
hairbrush sikat rambut
haircut potong rambut
hairdresser's (men's) tukang
    pangkas rambut
    (women's) salon rias rambut
hairdryer pengering rambut
hair gel jeli rambut
hairgrips penjepit rambut
hair spray semprotan rambut
half* setengah
    half an hour setengah jam
    half a litre setengah liter
    about half that kira-kira
    separoh
half board sewa kamar
    termasuk sarapan
half fare setengah harga
half price potongan setengah
    harga
hamburger 'hamburger'
hammer palu
hand tangan
handbag tas
handbrake rem tangan
handkerchief sapu tangan
handle (on door, suitcase etc)
    pegangan
hand luggage bagasi tangan
hang-gliding 'hang-gliding'
hangover: I've got a hangover
    saya sakit kepala sehabis
    mabuk
happen terjadi
    what's happening? (what's
    wrong?) apa yang terjadi?
    (what's the news?) bagaimana

kabarnya?
    what has happened? apa yang
    terjadi?
happy gembira
    I'm not happy about this saya
    tidak senang
harbour pelabuhan
hard keras
    (difficult) susah
hard-boiled egg telur rebus
    matang
hard lenses lensa keras
hardly hampir tidak
    hardly ever jarang
hardware shop toko besi
hat topi
hate (verb) benci
have* punya
    can I have a ...? boleh saya
    minta ...?
    do you have ...? apa ada ...?
    what'll you have? (drink) mau
    minum apa?
    I have to leave now saya
    harus pergi sekarang
    do I have to ...? apa saya
    harus ...?
    can we have some ...? boleh
    kami minta ...?
hayfever alergi rumput
he* dia, ia
head kepala
headache sakit kepala
headlights lampu besar
headphones headfones
healthy sehat
hear mendengar

a	tap
ai	I
au	now
c	ch
e	uh
e	eh
i	ee
o	hop
sy	sh
u	oo
v	f

He

•••••• DIALOGUE ••••••

can you hear me? apa suara saya
jelas?

I can't hear you, could you repeat
that? suara anda tidak jelas,
tolong diulang

hearing aid alat pendengar
heart jantung
heart attack serangan jantung
heat panas
heating pemanasan
heavy berat
heel (of foot) tumit
  (of shoe) tumit sepatu
  could you heel these? apa ini
  bisa diperbaiki?
height ketinggian
helicopter helikopter
hello halo, hai
helmet (for motorcycle) helm
help (noun) bantuan
  (verb) menolong
  help! tolong!
  can you help me? apa anda
  bisa menolong saya?
  thank you very much for your
  help terima kasih banyak
  atas semua pertolongan
  anda
helpful sangat membantu
hepatitis hepatitis
her*: I haven't seen her saya
  belum melihat dia
  to her pada dia
  with her dengan dia
  for her untuk dia
  that's her itulah dia
  her book buku dia

that's her towel itu anduk
  dia
herbs ramuan
here di sini
  here is/are … ini …
  here you are (offering) silakan
hers* punya dia
  that's hers itu punya dia
hey! 'hey!'
hi! (hello) hai!
hide menyembunyikan
high tinggi
highchair kursi bayi
highway (US) jalan tol
hill bukit
him*: I haven't seen him saya
  belum melihat dia
  to him pada dia
  with him dengan dia
  for him untuk dia
  that's him itulah dia
Hindu 'Hindu'
hip pinggul
hire menyewakan
  for hire untuk disewakan
  where can I hire a bike? di
  mana saya bisa
  menyewakan sepeda?
  see rent
his*: it's his car itu mobil dia
  that's his itu punya dia
hit (verb) memukul
hitch-hike numpang
hobby hobi
hold (verb) memegang
hole lobang
holiday liburan
  on holiday berliburan
Holland Negeri Belanda

home rumah
  at home (in my house etc) di rumah
  (in my country) di negeri kami
  we go home tomorrow kami pulang besok
honest tulus
honey madu
honeymoon bulan madu
Hong Kong Hongkong
hood (US: of car) kap mesin
hope (verb) berharap
  I hope so saya berharap begitu
  I hope not saya berharap tidak
hopefully mudah-mudahan
horn (of car) klakson
horrible mengerikan
horse kuda
horse riding naik kuda
hospital rumah sakit
hospitality keramah-tamahan
  thank you for your hospitality terima kasih atas keramah-tamahan anda
hot panas
  (spicy) pedas
  I'm hot saya kepanasan
  it's hot today hari ini panas
hotel hotel

Hotels vary from luxury and international-class hotels (to be found in main cities and major tourist destinations such as Bali) to basic budget accommodation. Hotels farthest up the →

price range will provide a wide range of leisure and business facilities such as swimming pools and fax services. Rooms in mid-range hotels usually have air-conditioning and en suite bathrooms. They should also provide hot water, though don't bank on it.
The lowest-priced hotels are known as **losmen** or **penginapan**, depending on the area. Such accommodation consists of small, bare rooms with a bed and with shared **kamar mandi** (wash room) and toilet. Pillows and undersheets are provided, but top sheets and covers are not. Most guesthouses offer free tea and hot water throughout the day and in some places the price for the night includes a basic breakfast. A lot of places include fans in the price, or will offer them for an additional sum.
The top-class hotels usually quote their prices in US dollars and service charges and government tax are not included in the price quoted, but are added on later.
see **bath**

a	tap
ai	I
au	now
c	ch
e	uh
e	eh
i	ee
o	hop
sy	sh
u	oo
v	f

hotel room kamar hotel
hour jam
house rumah
house wine anggur biasa

how? bagaimana?
  how many? berapa banyak?
  how do you do? apa kabar?

•••••• DIALOGUES ••••••

  how are you? apa kabar?
  fine, thanks, and you? baik-baik
  saja, dan anda?

  how much is it? berapa harganya?
  1,500 rupiah seribu lima ratus
  rupiah
  I'll take it ya, boleh

humid lembab
hungry saya lapar
  are you hungry? apa anda
  lapar?
hurry (verb) cepat-cepat
  I'm in a hurry saya terburu-
  buru
  there's no hurry tidak perlu
  terburu-buru
  hurry up! cepat!
hurt (verb) sakit
  it really hurts ini sakit sekali
husband suami

I

I saya

Saya is considered the most
polite word to use when refer-
ring to oneself, though **aku** can
be used when speaking to
friends (it is also the form used
when speaking to God). How-
ever, once you have established
that you are talking about your-
→

self, repetition of the word saya
is usually avoided. Sometimes
people use their own proper
names when referring to them-
selves, or a title (such as **Bapak**
or **Ibu**) which indicates the in-
dividual's relation to the person
they are speaking to.
see **you**

ice es
  with ice pakai es
  no ice, thanks tidak pakai
  es
ice cream es krim
ice-cream cone horen es krim
iced coffee kopi es
ice lolly es loli
idea ide
idiot orang dungu
if kalau
ignition kontak
ill sakit
  I feel ill saya sakit
illness penyakit
imitation (leather etc) tiruan
immediately segera
important penting
  it's very important ini penting
  sekali
  it's not important ini tidak
  penting
impossible tidak mungkin
impressive luar biasa
improve memperbaiki
  I want to improve my
  Indonesian saya mau
  memperbaiki bahasa

Indonesia saya

in: it's in the centre letaknya di
pusat

in my car di mobil saya

in Ujungpandang di
Ujungpandang

in two days from now dua
hari dari sekarang

in five minutes lima menit
lagi

in May bulan Mei

in English dalam bahasa
Inggris

in Indonesian dalam bahasa
Indonesia

is he in? apa dia ada?

include termasuk

does that include meals? apa
itu termasuk makanan?

is ... included? apa itu
termasuk ...?

inconvenient menyusahkan

incredible luar biasa

India 'India'

Indian (adj) 'India'

Indian Ocean Samudera
Hindia

indicator penunjuk arah

indigestion salah cerna

Indonesia Indonesia

Indonesian (adj) Indonesia
(language) bahasa Indonesia
(person) orang Indonesia
the Indonesians bangsa
Indonesia

indoors didalam

inexpensive tidak mahal

infection infeksi

infectious menular

inflammation radang

informal informil
(clothes) biasa

information penerangan,
informasi

do you have any information
about ...? apa ada informasi
mengenai ...?

information desk bagian
penerangan

injection suntikan

injured terluka
she's been injured dia terluka

in-laws mertua

inner tube (for tyre) ban dalam

innocent tidak berdosa

insect serangga

insect bite gigitan serangga
do you have anything for
insect bites? ada obat untuk
gigitan serangga?

insect repellent penolak
serangga

inside di dalam
inside the hotel di dalam
hotel
let's sit inside mari kita
duduk di dalam

insist: I insist saya memohon
dengan sangat

insomnia tidak bisa tidur

instant coffee kopi neskafe®

instead daripada
give me that one instead
berilah saya itu daripada
yang ini
instead of ... daripada ...

insulin 'insulin'

insurance asuransi

a	tap
ai	I
au	now
c	ch
e	uh
e	eh
i	ee
o	hop
sy	sh
u	oo
v	f

intelligent cerdas
interested: I'm interested
  in ... saya tertarik
  kepada ...
interesting menarik
  that's very interesting itu
  sangat menarik
international internasional
interpret menterjemahkan
interpreter penerjemah
intersection persimpangan
  jalan
interval (at theatre) waktu jeda
into ke
  I'm not into ... saya tidak
  suka ...
introduce memperkenalkan
  may I introduce ...? boleh
  saya memperkenalkan ...?
invitation undangan
invite mengundang
Ireland Irlandia
Irish Irlandia
  I'm Irish saya orang Irlandia
iron (for ironing) seterika
  can you iron these for me? apa
  anda bisa seterika ini untuk
  saya?
is*
island pulau
it*: it is ... ini ...
  is it ...? apa ini ...?
  it's him itulah dia
Italian (adj) Itali
Italy Itali
itch: it itches gatal

J

jack (for car) dongkerak
jacket jas
jam selai
jammed: it's jammed ini
  tersumbat
January Januari
jar (noun) kendi
Java Jawa
jaw rahang
jealous cemburu
jeans jin
jellyfish ubur-ubur
jetty dermaga
jeweller's toko
  perhiasan
jewellery perhiasan
Jewish Yahudi
job pekerjaan
jogging: to go jogging pergi
  'jogging'
joke lelucon
journey perjalanan
  have a good journey! selamat
  jalan!
jug kendi
  a jug of water kendi air
juice sari buah
July Juli
jump (verb) melompat
jumper baju sweter
jump leads kabel penyambung
  aki mobil
junction persimpangan
June Juni
jungle rimba
just (only) hanya
  just two hanya dua

just for me hanya untuk saya
just here disini saja
not just now tidak sekarang
we've just arrived kami baru
   tiba

K

Kampuchea Kamboja
Kampuchean (adj) Kamboja
keep (verb) menyimpan
   keep the change ambil saja
   kembalian
   can I keep it? boleh ini saya
   ambil?
   please keep it silakan ambil
ketchup kecap
kettle ceret
key kunci
   the key for room 201, please
   minta kunci untuk kamar
   dua nol satu
keyring gantungan kunci
kidneys ginjal
kill (verb) membunuh
kilo 'kilo'
kilometre kilometer
   how many kilometres is it
   to ...? berapa kilometer
   ke ...?
kind (generous) baik hati
   that's very kind itu sangat
   baik

•••••• DIALOGUE ••••••

which kind do you want? anda
mau jenis apa?
I want this/that kind saya mau
jenis ini/itu

king raja
kiosk kios
kiss (noun) ciuman
   (verb) mencium
kitchen dapur
kite layang-layang
Kleenex® kertas tisu
knee dengkul
knickers pakaian dalam
knife pisau
knock (verb) mengetok
knock down tabrakan
   he's been knocked down dia
   ditabrak mobil
knock over (object) melanggar
   (pedestrian) menabrak orang
know (somebody) kenal
   (something, a place) tahu
   I don't know saya tidak
   tahu
   I didn't know that saya tidak
   tahu itu
Komodo dragon komodo

L

label etiket
ladies' room, ladies' toilets
   w.c. wanita [weh seh]
ladies' wear pakaian wanita
lady wanita
lager bir 'lager'
   see beer
lake danau
lamb (meat) daging domba
lamp lampu
lane jalur
language bahasa
language course kursus bahasa

a	tap
ai	I
au	now
c	ch
e	uh
e	eh
i	ee
o	hop
sy	sh
u	oo
v	f

large besar
last terakhir
  last week minggu yang lalu
  last Friday hari Jumat yang
  lalu
  last night tadi malam
  what time is the last train to
  Jakarta? jam berapa kereta
  api yang terakhir ke
  Jakarta?
late terlambat
  sorry I'm late maaf, saya
  terlambat
  the train was late kereta api
  saya terlambat
  we must go, we'll be late kami
  harus pergi, nanti terlambat
  it's getting late sudah
  terlambat
later nanti
  I'll come back later nanti saya
  akan datang kembali
  see you later sampai jumpa
  lagi
  later on nanti
latest (newest) yang terbaru
  by Wednesday at the latest
  yang paling lambat pada
  hari Rabu
laugh (verb) tertawa
laundry (clothes) cucian
lavatory w.c. [weh seh]
law hukum
lawn halaman rumput
lawyer pengacara
laxative obat cuci perut
lazy malas
lead (electrical) kabel
  (verb) mengarah

where does this lead to? ke
mana jalan ini mengarah?
leaf daun
leaflet selebaran
leak (noun) bocor
  (verb) membocorkan
  the roof leaks atapnya bocor
learn belajar
least: not in the least sama
  sekali tidak
  at least paling sedikit
leather kulit
leave (verb) meninggalkan
  I am leaving tomorrow saya
  berangkat besok
  he left yesterday dia
  berangkat kemarin
  may I leave this here? boleh
  saya tinggalkan ini di sini?
  I left my coat in the bar jas
  saya tertinggal di bar
  when does the bus for Timika
  leave? jam berapa bis ke
  Timika berangkat?
left kiri
  on the left di sebelah kiri
  to the left ke sebelah kiri
  turn left belok kiri
  there's none left tidak ada
  sisa lagi
left-handed kidal
left luggage (office) tempat
  penitipan barang
leg kaki
lemon limau
lemonade limun
lemon tea teh pakai limau
lend meminjamkan
  will you lend me your ... ?

boleh saya pinjam ... anda?

lens (of camera) lensa

lesbian lesbia

less kurang

  less than kurang dari

  less expensive lebih murah

lesson pelajaran

let (allow) membiarkan

  will you let me know? apa anda akan memberitahu saya?

  I'll let you know saya akan memberitahu anda

  let's go for something to eat mari kita makan

let off turun

  will you let me off at ...? boleh saya turun di ...?

letter surat

  do you have any letters for me? apa ada surat untuk saya?

letterbox kotak surat

  see post office

lettuce selada

lever (noun) pengangkat

library perpustakaan

licence surat izin

  driving licence SIM [sim]

lid penutup

lie (verb: tell untruth) bohong

lie down berbaring

life hidup

lifebelt baju pelampung

lifeguard pengawal renang

life jacket baju pelampung

lift (in building) 'lift'

  could you give me a lift? boleh saya menumpang?

would you like a lift? apa anda mau menumpang?

light (noun) penerangan

  (not heavy) ringan

  do you have a light? (for cigarette) ada korek api?

  light green hijau muda

light bulb bola lampu

  I need a new light bulb saya perlu bola lampu baru

lighter (cigarette) geretan

lightning halilintar

like (verb) suka

  I like it saya suka itu

  I like going for walks saya suka jalan-jalan

  I like you saya suka anda

  I don't like it saya tidak suka itu

  do you like ...? apa anda suka ...?

  I'd like a beer saya mau minum bir

  I'd like to go swimming saya mau berenang

  would you like a drink? anda mau minum apa?

  would you like to go for a walk? apa anda mau pergi jalan-jalan?

  I want one like this saya maunya seperti yang ini

lime jeruk nipis

line garis

  (phone) garis hubungan

  could you give me an outside line? saya mau menelepon ke luar

lips bibir

a	tap
ai	I
au	now
c	ch
e	uh
e	eh
i	ee
o	hop
sy	sh
u	oo
v	f

lip salve salep bibir
lipstick lipstik
liqueur likir
listen mendengarkan
litre liter
little sedikit
  just a little, thanks sedikit
  saja, terima kasih
  a little sugar sedikit gula
  a little bit more tambah
  sedikit
live (verb) tinggal
  we live together kami tinggal
  bersama

•••••• DIALOGUE ••••••

  where do you live? anda tinggal di
  mana?
  I live in London saya tinggal di
  London

lively ramai
liver hati
lizard kadal
loaf roti
lobby (in hotel) ruang tunggu
lobster udang karang
local lokal
  can you recommend a local
  restaurant? apa anda bisa
  memberi saran tentang
  restoran sekitar sini?
lock (noun) kunci
  (verb) mengunci
  it's locked dikunci
lock in terkunci
lock out kunci tertinggal
  I've locked myself out kunci
  saya tertinggal di dalam
locker (for luggage etc) loker

long panjang
  how long will it take to fix it?
  berapa lama untuk
  memperbaikinya?
  how long does it take? berapa
  lama akan berlangsung?
  a long time lama
long: one day/two days longer
  satu hari/dua hari lebih lama
long-distance call telepon
  interlokal
look: I'm just looking, thanks
  saya hanya lihat-lihat
  you don't look well anda
  kelihatan sakit
  look out! awas!
  can I have a look? boleh saya
  melihat?
look after menjaga
look at melihat
look for mencari
  I'm looking for ... saya
  mencari ...
look forward to saya ingin
  sekali
  I'm looking forward to ... saya
  ingin sekali ...
lorry truk
lose hilang
  I've lost my way saya kesasar
  I'm lost, I want to get
  to ... saya kesasar, saya mau
  pergi ke ...
  I've lost my bag tas saya
  hilang
lost property (office) kantor
  tempat melapor barang
  hilang
lot: a lot, lots banyak

not a lot tidak banyak
a lot of people ramai orang
a lot bigger lebih besar
I like it a lot saya sangat suka
  itu
lotion losion
lotus flowers bunga teratai
loud keras
lounge (in house, hotel) ruang
  duduk
  (in airport) ruang tunggu
love (noun) cinta
  (verb) mencintai
  I love Indonesia saya suka
  Indonesia
lovely (meal) enak
  (room) nyaman
  (weather) bagus
  (view etc) indah
low rendah
luck keuntungan
  good luck! selamat!
luggage bagasi
luggage trolley kereta dorong
  untuk barang
lump (on body) benjol
lunch makan siang
lungs paru-paru
luxurious mewah
luxury kemewahan

M

machine mesin
mad (insane) gila
  (angry) marah
magazine majalah
maid (in hotel) pelayan wanita

maiden name nama sebelum
  menikah
mail (noun) surat, pos
  (verb) mengirim, memposkan
  is there any mail for me? apa
  ada surat untuk saya?
  see post office
mailbox kotak surat
main utama
main course hidangan utama
main post office kantor pos
  pusat
main road jalan raya
mains switch kenop
make (brand name) merek
  (verb) membuat
  I make it 500 rupiah baiklah,
  itu lima ratus rupiah
  what is it made of? ini dibuat
  dari apa?
make-up rias muka
malaria malaria [malahree-a]
malaria pills obat malaria
  [malahree-a]
Malay (adj) Melayu
  (language) bahasa Melayu
  (person) orang Melayu
  the Malays bangsa Melayu
Malay Peninsula Semenanjung
  Melayu
Malaysia 'Malaysia'
man pria, laki-laki
manager manajer
  can I see the manager? boleh
  saya bertemu dengan
  manajer?
manageress manajer
manual mobil persneling biasa
many banyak

a	tap
ai	I
au	now
c	ch
e	uh
e	eh
i	ee
o	hop
sy	sh
u	oo
v	f

Ma

not many tidak banyak
map peta
March Maret
margarine margarin
market (noun) pasar

Even in the big cities, life still
revolves around the market.
There are a number of different
kinds of market – daily, weekly,
night markets, early-morning
markets, clothes markets, food
markets, covered markets,
antique markets – you name it,
they have it. Check at your
hotel or the local tourist office
for information on all the
different markets in the area.
Markets are the best places for
shopping and offer the best
opportunities for testing your
bargaining techniques.
see **bargaining**.

marmalade selai
married: I'm married (said by man/
woman) saya sudah menikah/
kawin
are you married? (to man/woman)
apa anda sudah menikah/
kawin?
mascara maskara
match (football etc) pertandingan
matches korek api
material (fabric) bahan
matter: it doesn't matter tidak
apa
what's the matter? ada apa?
mattress kasur

May Mei
may: may I have another one?
boleh saya minta satu lagi?
may I come in? boleh saya
masuk?
may I see it? boleh saya
melihatnya?
may I sit here? boleh saya
duduk di sini?
maybe barangkali
mayonnaise mayones
me* saya
that's for me itu untuk saya
send it to me kirimkanlah
kepada saya
me too saya juga
meal makanan

•••••• DIALOGUE ••••••

did you enjoy your meal? apa anda
sukan makanan ini?
it was excellent, thank you ya,
enak sekali

mean (verb) berarti
what do you mean? apa
maksudnya itu?

•••••• DIALOGUE ••••••

what does this word mean? apa
artinya kata ini?
it means ... in English itu
berarti ... dalam bahasa Inggris

measles campak
meat daging
mechanic montir
medicine obat
medium (adj: size) sedang
medium-rare setengah matang
medium-sized ukuran sedang

meet bertemu
  nice to meet you saya senang
  bertemu anda
  where shall I meet you? kita
  bertemu di mana?
meeting pertemuan
meeting place tempat
  pertemuan
melon 'melon'
men pria, laki-laki
mend memperbaiki
  could you mend this for me?
  apa anda bisa memperbaiki
  ini untuk saya?
men's room w.c. pria [weh seh]
menswear pakaian pria
mention (verb) menyebutkan
  don't mention it kembali,
  sama-sama
menu menu [menoo], daftar
  makanan
  may I see the menu, please?
  boleh saya melihat daftar
  makanan?
  see Menu Reader page 173
message pesan
  are there any messages for
  me? apa ada pesan untuk
  saya?
  I want to leave a message
  for ... saya mau tinggalkan
  pesan untuk ...
metal (noun) logam
metre meter
microwave (oven) mikrowave
midday tengah hari
  at midday di tengah hari
middle: in the middle di tengah
  in the middle of the night di

tengah malam
  the middle one yang di
  tengah
midnight tengah malam
  at midnight di tengah malam
might: I might ... mungkin
  saya ...
  I might not ... mungkin saya
  tidak ...
  I might want to stay another
  day mungkin saya tinggal
  satu hari lagi
migraine sakit kepala migren
mild (taste) sedang
  (weather) lumayan
mile mil
milk susu
  see coffee
millimetre milimeter
minced meat daging cincang
mind: never mind tidak apa-apa
  I've changed my mind saya
  berobah pikiran

•••••• DIALOGUE ••••••
  do you mind if I open the window?
  boleh saya membuka jendela?
  no, I don't mind! boleh, silakan!

mine*: it's mine itu punya saya
mineral water air 'mineral'
minibus 'minibus'
mints permen
minute menit
  in a minute sebentar lagi
  just a minute sebentar lagi
mirror cermin
Miss Nona
miss: I missed the bus saya
  ketinggalan bis

a	tap
ai	I
au	now
c	ch
e	uh
e	eh
i	ee
o	hop
sy	sh
u	oo
v	f

| Mi

missing hilang
one of my … is missing salah
satunya … saya hilang
there's a suitcase missing ada
kopor yang hilang
mist kabur
mistake (noun) kesalahan
I think there's a mistake saya
kira ada kesalahan
sorry, I've made a mistake
maaf, saya salah
misunderstanding salah
pengertian
mix-up: sorry, there's been a
mix-up maaf, tertukar
mobile phone telepon mobil
modern moderen
modern art gallery ruang seni
moderen
moisturizer pelembab
moment: I won't be a moment
sebentar
monastery biara
Monday hari Senin
money uang
month bulan
monument monumen
moon bulan
moped motor bebek
more* lagi
can I have some more water,
please? boleh saya minta
segelas air lagi?
more expensive/interesting
lebih mahal/menarik
more than 50 lebih dari lima
puluh
more than that lebih dari itu
a lot more lebih banyak

•••••• DIALOGUE ••••••

would you like some more? mau
tambah lagi?
no, no more for me, thanks terima
kasih, tidak
how about you? kalau anda?
I don't want any more, thanks
terima kasih, tidak

morning pagi
this morning (time past) pagi
tadi
(now) pagi ini
in the morning pagi hari
mosque mesjid
mosquito nyamuk

You should take care to protect
yourself against mosquitos and
make sure you take malaria pills
in advance of your trip. Use a
mosquito repellent – brands
such as Baygon and Autan are
widely available in Indonesia.
It's a good idea to buy a mos-
quito coil, which you can burn
at night, and also to spray your
room an hour or so before you
go to bed. Remember it is not
only malaria that you must
seek to avoid, but also other
mosquito-borne diseases such
as dengue fever, guaranteed to
ruin a holiday.

mosquito net kelambu
mosquito repellent obat
penolak nyamuk
most: I like this one most of all

ini yang saya paling suka
most of the time biasanya
most tourists kebanyakan
turis
mostly hampir, sebagian besar
mother ibu
mother-in-law ibu mertua
motorbike sepeda motor
motorboat perahu motor
motorway jalan tol

> Motorways are known as **jalan tol** (toll roads). There are a number of these roads throughout Java in particular. There are toll roads from Soekarno-Hatta airport into the centre of Jakarta and beyond.

mountain gunung
  in the mountains di daerah
  pegunungan
mountaineering naik gunung
mouse tikus
moustache kumis
mouth mulut
mouth ulcer borok mulut
move (verb) geser, pindah
  he's moved to another room
  dia pindah ke kamar lain
  could you move your car?
  tolong pindahkan mobil
  anda
  could you move up a little?
  tolong geser sedikit
  where has it moved to? ke
  mana pindahnya?
  where has it been moved to?
  ke mana dipindahkan?

movie 'film'
movie theater bioskop
Mr Bapak
Mrs Ibu, Nyonya
Ms Ibu
much banyak
  much better/worse lebih baik/
  buruk
  much hotter lebih panas
  not much tidak banyak
  not very much tidak begitu
  banyak
  I don't want very much saya
  tidak mau begitu banyak
mud lumpur
mug (for drinking) cangkir
  I've been mugged saya
  dijambret
mum bu
mumps gondong
museum museum [moozay-um]
mushrooms jamur, cendawan
music musik
musician pemain musik
Muslim (adj) 'Muslim'
  (person) orang 'Muslim'
mussels kerang
must*: I must saya harus
  I mustn't drink alcohol saya
  tidak boleh minum alkohol
mustard mostar
my* ... saya
myself: I'll do it myself saya
  akan mengerjakannya
  sendiri
  by myself sendirian

a	tap
ai	I
au	now
c	ch
e	uh
e	eh
i	ee
o	hop
sy	sh
u	oo
v	f

N

nail (finger) kuku
  (metal) paku
nailbrush sikat kuku
nail varnish cat kuku
name nama
  my name's John nama saya
  John
  what's your name? siapa
  nama anda?
  what is the name of this
  street? apa nama jalan ini?
napkin serbet
nappy popok
narrow (street) sempit
nasty (person) tidak baik
  (weather) buruk
  (accident) parah
national nasional
nationality kebangsaan
natural alami
nausea mual
navy (blue) biru tua
near dekat
  is it near the city centre? apa
  itu dekat pusat kota?
  do you go near Borobudur?
  apa anda lewat dekat
  Borobudur?
  where is the nearest ...? di
  mana ... yang paling
  dekat?
nearby dekat
nearly hampir
necessary perlu
neck leher
necklace kalung
necktie dasi

need: I need ... saya perlu ...
  do I need to pay? apa saya
  perlu bayar?
needle jarum
negative (film) negatif
neither*: neither (one) of them
  tak ada
  neither ... nor ... (with adj/verb)
  tidak ... maupun ...
  (with noun) bukan ...
  maupun ...
nephew kemenakan
net (in sport) jala
Netherlands Belanda
network map peta jaringan
  kereta api
never* belum pernah

•••••• DIALOGUE ••••••

have you ever been to Semarang?
apa anda sudah pernah ke
Semarang?
no, never, I've never been there
belum, saya belum pernah ke
sana

new baru
news (radio, TV etc) berita
newsagent's kios koran
newspaper suratkabar
newspaper kiosk kios
  suratkabar
New Year Tahun Baru
  Happy New Year! Selamat
  Tahun Baru!
New Year's Eve Malam Tahun
  Baru

On New Year's Eve in many towns and cities in Indonesia people flood the streets to eat at food stalls and to watch traditional musical and theatrical performances, fireworks and processions. All the large hotels will put on some entertainment for New Year's Eve, and in Jakarta, for example, the 'respectable' nightclubs such as Hard Rock Café, Fire Disco etc will have 'European'-style celebrations.

New Zealand Selandia Baru
New Zealander: I'm a New Zealander saya orang Selandia Baru
next yang mendatang
  the next turning/street on the left belokan/jalan ke kiri yang mendatang
  at the next stop di perhentian yang mendatang
  next week minggu depan
  next to di sebelah
nice (food) enak
  (looks, view etc) nyaman
  (person) baik
niece kemenakan
night malam
  at night pada malam hari
  good night selamat malam

•••••• DIALOGUE ••••••

do you have a single room for one night? apa ada kamar untuk satu orang untuk satu malam?

yes, madam ya, ada Bu
how much is it per night? berapa harganya per malam?
it's 10,000 rupiah for one night sepuluh ribu per malam
thank you, I'll take it ya, boleh

nightclub kelab malam
nightdress pakaian malam
night market pasar malam
night porter petugas malam
no* tidak, bukan
  I've no change saya tidak punya uang kecil
  there's no ... left tidak ada ... lagi
  no way! tidak mungkin!
  oh no! (upset) aduh!
nobody tidak seorangpun
  there's nobody there tidak ada orang di sana
noise bunyi
noisy: it's too noisy terlalu bising
non-alcoholic tidak pakai alkohol
none tidak ada
nonsmoking compartment gerbong tidak merokok
noon tengah hari
  at noon pada tengah hari
no-one tidak ada orang
nor: nor do I saya juga tidak
normal biasa
north utara
  in the north di sebelah utara
  to the north ke sebelah utara
  north of Kuta di sebelah utara Kuta
northeast timurlaut

a	tap
ai	I
au	now
c	ch
e	uh
e	eh
i	ee
o	hop
sy	sh
u	oo
v	f

northern bagian utara
Northern Ireland Irlandia Utara
northwest baratlaut
Norway Norwegia
Norwegian (adj) Norwegia
nose hidung
not* (with adj/verb) tidak
  (with noun) bukan
  no, I'm not hungry saya tidak
  lapar
  I don't want any, thank you
  saya tidak mau, terima kasih
  it's not necessary tidak perlu
  I didn't know that saya tidak
  tahu itu
  not that one, this one bukan
  itu, ini
note (banknote) uang kertas
notebook buku catatan
notepaper (for letters) kertas
  untuk surat
nothing tidak ada
  nothing for me, thanks
  terimah kasih, tidak
  nothing else tidak lagi
novel roman
November 'November'
now sekarang
number nomor
  (figure) angka
  I've got the wrong number
  (phone) salah tekan
  what is your phone number?
  berapa nomor telepon
  anda?
number plate pelat nomor
nurse perawat
nut (for bolt) mur
nuts kacang

O

occupied (US: phone) dipakai
o'clock* jam
October Oktober
odd (strange) aneh
of*
off (lights) mati
  it's just off Jalan Diponegoro
  lewat Jalan Diponegoro
  we're off tomorrow kami
  berangkat besok
offensive (behaviour)
  menyakitkan hati
  (language) menghina
office (place of work) kantor
officer (said to policeman) Pak
often sering
  not often tidak sering
  how often are the buses?
  berapa sering bis datang?
oil minyak
ointment obat oles
OK baik
  are you OK? apa anda perlu
  bantuan?
  is that OK with you? apa ini
  cocok dengan anda?
  is it OK to ...? apa saya
  boleh ...?
  that's OK thanks boleh
  I'm OK (nothing for me) sudah
  cukup, terima kasih
  (I feel OK) saya sehat
  is this train OK for ...? apa ini
  kereta api untuk ...?
old (person) tua
  (thing) lama
  (ancient) kuno

•••••• DIALOGUE ••••••

how old are you? berapa umur
anda?
I'm 25 umur saya duapuluh lima
tahun
and you? dan anda?

old town (old part of town) kota
lama
in the old town di kota lama
omelette telur dadar
on* di atas
on the table di atas meja
on the beach di tepi pantai
is ... on this road? apa ... di
jalan ini?
on the plane di pesawat
on Saturday pada hari Sabtu
on television di televisi
I haven't got ... on me saya
tidak punya ... di sini
sekarang
this one's on me (drink) itu
saya yang bayar
the light wasn't on lampu
tidak nyala
what's on tonight? ada
rencana apa malam ini?
once (one time) sekali
at once (immediately) segera
one* satu
the white/red one yang putih/
merah
one-way ticket karcis untuk
sekali jalan
onion bawang
only hanya
only one hanya satu
it's only 6 o'clock baru jam

enam
I've only just got here saya
baru datang
on/off switch tombol hidup-
mati
open (adj) buka
(verb) membuka
when do you open? jam
berapa anda buka?
I can't get it open saya tidak
bisa membukanya
in the open air di luar
opening times jam buka
open ticket 'open ticket'
opera 'opera'
operation (medical) operasi
operator (telephone) 'operator'
opposite: the opposite direction
menuju jurusan yang di
depan
the bar opposite di bar yang
berlawanan
opposite my hotel diseberang
hotel saya
optician ahli kacamata
or atau
orange (fruit) jeruk manis
(colour) jingga
orange juice (fresh) sari jeruk
(fizzy) meruap
orchestra orkes
order: can we order now? (in
restaurant) boleh kami pesan
sekarang?
I've already ordered saya
sudah pesan
I didn't order this saya tidak
pesan ini
out of order rusak

a	tap
ai	I
au	now
c	ch
e	uh
e	eh
i	ee
o	hop
sy	sh
u	oo
v	f

ordinary biasa
other lain
 the other one yang lain
 the other day baru-baru ini
 I'm waiting for the others saya
 menunggu yang lain
 do you have any others? ada
 yang lain?
otherwise kalau tidak
our* (excluding those addressed)
 ... kami
 (including those addressed) ... kita
ours* (excluding those addressed)
 punya kami
 (including those addressed) punya
 kita
out: he's out dia tidak ada
 three kilometres out of town
 tiga kilometer di luar kota
outdoors di luar
outside di luar
 can we sit outside? boleh
 kami duduk di luar?
oven 'oven'
over: over here di sini
 over there di sana
 over 500 lebih dari lima
 ratus
 it's over habis, sudah
 selesai
overcharge: you've overcharged
 me ini dijual terlalu mahal
overcoat mantel
overlooking: I'd like a room
 overlooking the courtyard saya
 mau kamar yang
 memandang kebawah
 halaman
overnight (travel) bermalam

overtake melambung
owe: how much do I owe you?
 berapa itu?
own: my own ... ... milik saya
 sendiri
 are you on your own? apa
 anda sendirian?
 I'm on my own saya
 sendirian
owner pemilik

P

Pacific Ocean Samudera Pasifik
pack (verb) mengepak
 a pack of ... satu pak ...
package (parcel) paket
package holiday paket lawatan
packed lunch makanan siang
 kotak
packet: a packet of cigarettes
 sebungkus rokok
padlock (noun) kunci kura-kura
page (of book) halaman
 could you page Mr ...? bisa
 anda mempajer Tuan ...?
pagoda pagoda
pain sakit
 I have a pain here saya sakit
 disini
painful menyakitkan
painkillers penawar sakit
paint (noun) cat
painting lukisan
pair: a pair of ... sepasang ...
Pakistani (adj) 'Pakistan'
palace istana
pale pucat
 pale blue biru muda

palm tree pohon palem
pan panci
panties pakaian dalam
pants (underwear) pakaian
  dalam
  (US) celana panjang
pantyhose celana ketat
paper kertas
  (newspaper) suratkabar
  a piece of paper sehelai
  kertas
parcel paket
pardon (sorry) maaf
  pardon?, pardon me? (didn't
  understand/hear) tolong diulang
  lagi
parents orang tua
parents-in-law orang mertua
park (noun) taman
  (verb) parkir
  can I park here? boleh saya
  parkir di sini?
parking lot tempat parkir
parrot burung nuri
part (noun) bagian
partner (boyfriend, girlfriend etc)
  pasangan
party (group) rombongan
  (celebration) pesta
pass (in mountains) pas
passenger penumpang
passport paspor

To enter Indonesia, you must be
in possession of a full passport
valid for at least six months
from the time of entering the
country. You should carry your
passport on you when travelling
→

– you are required to carry it
around with you at all times as
identification, and you will need
it in order to check into a hotel,
as well as for changing travel-
lers' cheques and cash.

past*: in the past di masa
  lampau
  just past the information office
  lewat kantor penerangan
path jalan kecil
pattern pola
pavement trotoar
  on the pavement di atas
  trotoir
pay (verb) membayar
  can I pay, please? boleh saya
  bayar?
  it's already paid for sudah
  dibayar

•••••• DIALOGUE ••••••

  who's paying? siapa yang bayar?
  I'll pay saya yang bayar
  no, you paid last time, I'll pay
  tidak, dulu anda yang bayar,
  sekarang saya

payphone telepon umum
peaceful aman
peach persik
peanuts kacang
pear buah per
peas kacang polong
peculiar (taste, custom) aneh
pedestrian crossing tempat
  penyeberangan
pedestrian precinct zona
  pejalan kaki

a	tap
ai	I
au	now
c	ch
e	uh
e	eh
i	ee
o	hop
sy	sh
u	oo
v	f

Pe

peg pasak
pen pena
pencil pensil
penfriend sahabat pena
penicillin penisilin
penknife pisau lipat
pensioner orang pensiunan
people orang-orang
  the other people in the hotel
  orang-orang lain di hotel
  too many people terlalu
  ramai
pepper (spice) merica
  (vegetable) paprika
peppermint (sweet) permen
per: per night per malam,
  semalam
  how much per day? berapa
  harganya per hari?
  per cent persen
perfect sempurna
perfume minyak harum
perhaps mungkin
  perhaps not mungkin tidak
period (of time) masa
  (menstruation) datang bulan
perm keriting
permit (noun) surat izin
person orang
personal stereo 'walkman'®
petrol bensin

You can buy diesel and a range
of different grades of petrol from
the state-owned petrol stations,
Pertamina. You can also buy
petrol from the side of the road,
although it is usually low-grade
stuff.

petrol can kaleng bensin
petrol station pompa bensin
pharmacy apotik

In Indonesia, the dispensing
chemist is called the **apotek** (or
apotik). If you do not have a
serious ailment, it's worth seek-
ing the advice of the pharmacist
before making an appointment
with a doctor. You cannot buy
strong painkillers such as para-
cetamol and codeine in Indo-
nesia without a prescription. On
the other hand, antibiotics are
available over the counter,
though you should not take them
without seeking medical advice.

Philippines Filipina
phone (noun) telepon
  (verb) menelepon

In Indonesia, it is best to
make your phone calls from a
telephone office. These can be
privately run or state-run and
are indicated by the sign **wartel**
which is short for **warung
telepon** (telephone shop). You
might not be able to make
long-distance and international
phone calls from smaller
wartels, and even if you can
make an international call, a
collect call service is not widely
available. Ask for '**wartel luar**
→

negeri' for the international service: they will let you know whether you may make a collect call. In some small, isolated towns, this service may only be available from a hotel.

In the main urban centres, there are public phone boxes which take phonecards and credit cards and which allow you to make international calls. Most phone boxes, however, only cater for local calls and are often out of order.

---

phone book buku telepon
phone box telepon umum
phonecard kartu telepon
phone number nomor telepon
photo foto
  excuse me, could you take a photo of us? permisi, apa anda bisa mengambil potret kami?

There are many opportunities to take beautiful portrait photos in Indonesia, but always ask permission first and expect a market seller to request a purchase in return.

---

phrasebook buku ungkapan

---

physical contact
Hugging or kissing someone of the same sex is perfectly acceptable, but it's generally best not →

---

to hug or fondle anyone of the opposite sex as this is considered offensive.

The head is a sacred part of the body and so don't touch anyone's head. As the head is seen as sacred, the feet are 'unclean'. It's rude to step over people, so if your path is blocked ask permission to pass by or walk around via the feet not the head.
  see **gestures**

---

piano 'piano'
pickpocket pencopet
pick up: will you be there to pick me up? apa anda bisa menjemput saya?
picnic (noun) piknik
picture (painting) gambar
  (photo) foto
pie (meat) pastei
  (fruit) kue pastel
piece potong
  a piece of ... sepotong ...
pill pil k.b. [ka beh]
  I'm on the pill saya minum pil k.b.
pillow bantal
pillow case sarung bantal
pin (noun) peniti
pineapple nanas
pineapple juice sari nanas
pink 'pink'
pipe (for smoking) pipa
  (for water) pipa air
pipe cleaners alat pembersih pipa tembakau
pity: it's a pity sayang

---

a	tap
ai	I
au	now
c	ch
e	uh
e	eh
i	ee
o	hop
sy	sh
u	oo
v	f

Pi

pizza 'pizza'
place (noun) tempat
  at your place di tempat anda
  at his place di tempat dia
plain (not patterned) polos
plane pesawat terbang
  by plane naik pesawat
  terbang
plant tanaman
plaster cast acuan gips
plasters plester
plastic plastik
  (credit cards) kartu kredit
plastic bag kantong plastik
plate piring
platform peron
  which platform is it for
  Bandung? peron nomor
  berapa yang ke Bandung?
play (verb) bermain
  (noun: in theatre) sandiwara
playground tempat bermain
pleasant menyenangkan
please silakan
  yes, please ya, boleh
  could you please ...? tolong ...
  please don't ... jangan ...
pleased: pleased to meet you
  saya senang berkenalan
  dengan anda
pleasure: my pleasure kembali,
  sama-sama
plenty: plenty of ... banyak ...
  there's plenty of time masih
  ada banyak waktu
  that's plenty, thanks sudah
  cukup, terima kasih
pliers tang
plug (electrical) steker

(for car) busi
  (in sink) sumbat
plumber tukang ledeng
p.m.* (from about 6 p.m. to midnight)
  malam
  (from about 3 p.m. to 6 p.m.) sore
  (from about noon to 3 p.m.) siang
pocket saku
point: two point five dua koma
  lima
  there's no point tida ada guna
points (in car) kontak
poisonous beracun
police polisi
  call the police! panggillah
  polisi!

All hotels and guesthouses are
required to hand over the names
and passport numbers of guests
to the local police. Strictly
speaking, if you are staying with
an Indonesian family, it is le-
gally required that you register
with the police. In some areas,
however, this may not be neces-
sary. Find out from the family
you are staying with what the
local procedure is.
The police in Indonesia are
notoriously corrupt. The traffic
police often organize road-
blocks, in order to extort money
from vehicles, public transport
in particular. If you have to deal
with the police, do not under any
circumstances get angry – be
very polite indeed, and very
patient too.

policeman polisi
police station kantor polisi
policewoman polisi wanita
polish (for shoes) semir sepatu
polite sopan

---

politics
Although political issues are discussed among friends, you will find that Indonesians are reluctant to be critical of the government in front of a relative stranger as it could land them in trouble.

---

polluted tercemar
pony kuda
pool (for swimming) kolam renang
poor (not rich) miskin
(quality) kurang bagus
pop music musik pop
pop singer penyanyi
popular (well-liked) populer
(well-known) terkenal
pork daging babi
port (for boats) pelabuhan
porter (in hotel) tukang angkat kopor
portrait potret
posh (restaurant, people) mewah
possible* mungkin
is it possible to ...? boleh saya ...?
as ... as possible se-... mungkin
post (noun: mail) surat, pos
(verb) mengirim, memposkan
could you post this for me?

---

apa anda bisa poskan ini untuk saya?
postbox kotak surat
postcard kartu pos
postcode kode pos
poster (for room) 'poster'
(in street) plakat
poste restante 'poste restante'
post office kantor pos

In the larger towns and cities, post offices provide a wide range of the usual services, and have poste restante and money transfer facilities.
Main post offices are open Monday to Thursday from 8 a.m. to 5 p.m. and from 8 a.m. to 1 p.m. on Fridays and Saturdays. Local post offices are usually only open from 8 a.m. to 1 p.m.
Post from Indonesia to Europe and North America usually takes about a week. The overseas postal service is fairly reliable, but the internal service is more erratic. If you need to send something within Indonesia, your best bet is to send it **kilat khusus** (express delivery), which doesn't cost too much more, but seems to guarantee delivery. Letterboxes are red, and are only found near post offices.

---

a	tap
ai	I
au	now
c	ch
e	uh
e	eh
i	ee
o	hop
sy	sh
u	oo
v	f

Po

potato kentang
pots and pans panci

pottery (objects) barang tembikar

pound (money) pon sterling [stair-ling]
(weight) pon

power cut putus aliran

power point stopkontak listrik

practise: I want to practise my Indonesian saya mau melatih bahasa Indonesia saya

prawns udang

prefer: I prefer ... saya lebih suka ...

pregnant hamil

prescription (for medicine) resep

present (gift) hadiah

president (of country) presiden

pretty cantik
it's pretty expensive cukup mahal

price harga

priest pendeta

prime minister perdana menteri

printed matter barang cetakan

priority (in driving) prioritas

prison penjara

private (personal) pribadi
(not public) swasta

private bathroom kamar mandi sendiri

probably mungkin

problem masalah
no problem! tidak ada masalah!

program(me) (noun) acara

promise: I promise saya berjanji

pronounce: how is this pronounced? bagaimana cara mengucapkannya?

properly (repaired, locked etc) dengan baik

protection factor (of suntan lotion) kekuatan perlindungan

Protestant Protestan

public convenience w.c. umum [weh seh]

public holiday hari libur nasional

pudding (dessert) puding

pull menarik

pullover baju sweter

puncture (noun) bocoran

purple ungu

purse (for money) dompet
(US) tas

push mendorong

pushchair kereta anak

put meletakkan
where can I put ...? di mana boleh saya meletakkan ...?
could you put us up for the night? apa kami bisa menginap di sini semalam?

pyjamas piyama

Q

quality mutu

quarantine karantina

quarter seperempat

quayside: on the quayside di atas dermaga

question pertanyaan

queue (noun) antrian

quick cepat
that was quick wah cepat sekali
what's the quickest way there?

di mana jalan yang paling
  cepat?
quickly dengan cepat
quiet (place, hotel) tenang
  quiet! diam!
quite (fairly) cukup
  (very) sangat
  that's quite right itu benar
  quite a lot cukup banyak

R

rabbit kelinci
race (for runners, cars)
  perlombaan
racket (tennis, squash) raket
radiator (of car, in room) 'radiator'
radio 'radio'
  on the radio di atas 'radio'
rail: by rail naik kereta api
railway jalan kereta api
rain (noun) hujan
  in the rain di tengah hujan
  it's raining turun hujan
raincoat jas hujan
rape (noun) perkosaan
rare (uncommon) jarang
  (steak) setengah matang
rash (on skin) ruam
raspberry buah frambosen
rat tikus
rate (for changing money) kurs
rather: it's rather good agak
  baik
  I'd rather ... saya lebih
  senang ...
razor (dry, electric) pisau cukur
razor blades silet
read membaca

ready siap
  are you ready? sudah siap?
  I'm not ready yet saya belum
  siap

•••••• DIALOGUE ••••••

when will it be ready? kapan itu
selesai?
it should be ready in a couple of
days dalam waktu beberapa hari

real benar
really betul-betul
  I'm really sorry saya betul-
  betul maaf
  that's really great itu bagus
  sekali
  really? (doubt) sungguh?
  (polite interest) betul?
rear lights lampu belakang
rearview mirror kaca spion
reasonable (prices etc) layak
receipt kwitansi
recently baru-baru ini
reception (in hotel) penerimaan
  tamu
  (for guests) resepsi
  at reception di bagian
  penerimaan tamu
reception desk meja penerima
  tamu
receptionist penerima tamu
recognize mengenal
recommend: could you
  recommend ...? apa anda bisa
  merekomendasikan ...?
red merah
red wine anggur merah
refund (noun) pembayaran
  kembali

a	tap
ai	I
au	now
c	ch
e	uh
e	eh
i	ee
o	hop
sy	sh
u	oo
v	f

Re

can I have a refund? boleh
saya minta pembayaran
kembali?
region daerah
registered: by registered mail
surat tercatat
registration number nomor
pelat
religion agama
remember: I don't remember
saya tidak ingat
I remember saya ingat
do you remember? apa anda
ingat?
rent (noun: for apartment etc)
sewaan
(verb: car etc) menyewa
to rent untuk disewakan

•••••• DIALOGUE ••••••

I'd like to rent a car saya mau
menyewa mobil
for how long? untuk berapa
lama?
two days dua hari
we have many kinds kami punya
bermacam-macam
I'll take the … saya mau ambil …
is that including the mileage? apa
itu termasuk jarak kilometer?
it is ya, betul
can I see your licence, please?
boleh saya memeriksa SIM
anda? [sim]
and your passport dan paspor
anda
is insurance included? apa itu
termasuk asuransi?
yes, but you pay the first 30,000

rupiah ya, tetapi anda harus
bayar rupiah tiga puluh ribu
yang pertama
you have to leave a deposit of
30,000 rupiah anda harus
tinggalkan tiga puluh ribu
rupiah sebagai uang muka

rented car mobil sewa
repair (verb) memperbaiki
can you repair it? apa anda
bisa memperbaikinya?
repeat mengulang
could you repeat that? tolong
diulang lagi
reservation pemesanan tempat
I'd like to make a reservation
saya mau memesan
tempat

•••••• DIALOGUE ••••••

I have a reservation saya sudah
pesan tempat
yes sir, what name? di atas nama
siapa Pak?

reserve (verb) memesan tempat

•••••• DIALOGUE ••••••

can I reserve a table for tonight?
boleh saya memesan satu meja
untuk malam ini?
yes madam, for how many people?
boleh Ibu, untuk berapa orang?
for two untuk dua orang
and for what time? untuk jam
berapa?
for eight o'clock untuk jam
delapan
and could I have your name,
please? siapa nama Ibu?

rest: I need a rest saya mau
  beristirahat
  the rest of the group sisa
  rombongan
restaurant restoran

> **Padang** food, from West
> Sumatra, is often served in
> restaurants, which look like can-
> teens, and which are found
> everywhere. It is served up on
> your table in as many as twenty
> small dishes containing a wide
> variety of regional specialities,
> which you share. You are also
> provided with a bowl of rice and
> a glass of tea, which are topped
> up on request and for which
> there is usually no extra charge.
> At the end of your meal, your bill
> is calculated according to the
> dishes you have eaten. Restau-
> rants selling Chinese food are
> also found in towns all over
> Indonesia.
> People more often eat from
> **warungs** (small roadside
> stalls), or from the **pedagang
> kaki lima** (roving street ven-
> dors). The kaki lima usually
> have plates and cutlery, and
> they will wait until you have
> finished eating before they go on
> their way. A huge variety of deli-
> cacies are on sale from the
> warungs, and you'll be missing
> out on the Indonesian experi-
> ence if you never eat from one,
> particularly at night time.

restaurant car gerbong
  restorasi
rest room wc [weh seh]
  where is the rest room? di
  mana w.c.?
retired: I'm retired saya sudah
  pensiun
return: a return to ... pulang
  pergi ke ...
return ticket karcis pulang
  pergi
  see ticket
reverse-charge call 'collect call'
reverse gear gigi mundur
revolting memuakkan
rib tulang rusuk
rice (cooked) nasi
  (uncooked) beras
rich (person) kaya
  (food) gurih
ridiculous gila
right (correct) benar
  (not left) kanan
  you were right anda benar
  that's right itu benar
  this can't be right tidak
  mungkin ini benar
  right! benar!
  is this the right road for ...?
  apa ini jalan yang benar
  untuk ...?
  on the right di sebelah kanan
  turn right belok kanan
ring (on finger) cincin
  I'll ring you saya akan
  menelepon anda
ring back menelepon
  kembali

a	tap
ai	I
au	now
c	ch
e	uh
e	eh
i	ee
o	hop
sy	sh
u	oo
v	f

Ri

rip-off: it's a rip-off itu tipuan
  rip-off prices harga tipu
risky berbahaya
river sungai
road jalan
  is this the road for ...? apa ini
  jalan untuk ...?
  down the road sepanjang
  jalan
road accident tabrakan
road map peta jalan
roadsign tanda jalan
rob: I've been robbed saya
  dirampok
rock batu
  (music) musik rok
  on the rocks (with ice) pakai
  es
roll (bread) roti
roof atap
room kamar
  in my room di kamar saya

•••••• DIALOGUE ••••••

do you have any rooms? apa ada
kamar kosong?
for how many people? untuk
berapa orang?
for one/two untuk satu/dua
orang
yes, we have rooms free ya, ada
for how many nights? untuk
berapa malam?
just for one night untuk satu
malam saja
how much is it? berapa harganya?
... with bathroom, and ... without
bathroom ... dengan kamar
mandi, dan ... kalau tidak

can I see a room with bathroom?
boleh saya melihat kamar
dengan kamar mandi?
OK, I'll take it ya, boleh

room service pelayanan kamar
rope tali
roughly (approximately) kira-kira
round: it's my round ini giliran
  saya
roundabout (for traffic) bundaran
round-trip ticket karcis pulang
  pergi
route rute, jalan
  what's the best route? apa
  rute yang paling bagus?
rubber (material) karet
  (eraser) karet penghapus
rubber band karet gelang
rubbish (waste) sampah
  (poor-quality goods) rongsokan
  rubbish! (nonsense) omong-
  kosong!
rucksack ransel
rude kasar
ruins puing
rum 'rum'
run (verb: person) berlari
  how often do the buses run?
  berapa sering bis lewat?
  I've run out of money uang
  saya sudah habis
rush hour jam sibuk

S

sad sedih
saddle (for bike) sadel
 (horse) pelana
safe (adj) aman
safety pin peniti cantel
sail (noun) layar
sailboard (noun) selancar angin
sailboarding naik selancar
 angin
salad selada
salad dressing saus selada
sale: for sale dijual
salmon salem
salt garam
same: the same sama
 the same as this sama seperti
 yang ini
 the same again, please seperti
 yang tadi
 it's all the same to me itu
 sama saja buat saya
sand pasir
sandals 'sandal'
sandwich 'sandwich'
sanitary napkins/towels
 pembalut wanita
sardines sardencis
Saturday Sabtu
sauce saus
saucepan panci
saucer piring cangkir
sauna 'sauna'
sausage sosis
say berkata
 how do you say ... in
 Indonesian? apa ... dalam
 bahasa Indonesia?

what did he say? apa yang dia
 bilang?
she said ... dia berkata ...
could you say that again?
 tolong, diulang lagi
scarf (for neck) syal
 (for head) tudung kepala
scenery pemandangan
schedule (US: timetable) jadwal
scheduled flight penerbangan
 biasa
school sekolah
scissors: a pair of scissors
 gunting
scooter sepeda motor
scotch wiski
Scotch tape® selotip
Scotland Skotlandia
Scottish Skotlandia
 I'm Scottish saya orang
 Skotlandia
scrambled eggs telur aduk-
 dadar
scratch (noun) lecet
screw (noun) sekrup
screwdriver obeng
sea laut
 by the sea di tepi laut
seafood makanan laut
seafood restaurant restoran
 makanan laut
seafront tepi laut
 on the seafront di tepi laut
search (verb) mencari
seasick: I feel seasick saya
 mabuk laut
 I get seasick saya sering
 mabuk laut

a	tap
ai	I
au	now
c	ch
e	uh
e	eh
i	ee
o	hop
sy	sh
u	oo
v	f

Se

seaside: by the seaside di pantai laut

seat tempat duduk

  is this seat taken? apa ada orang yang duduk di sini?

seat belt sabuk pengaman

sea urchin bulu babi

seaweed rumput laut

secluded tersembunyi

second (adj) yang kedua

  (of time) detik

  just a second! sebentar saja!

second class (travel etc) kelas dua

second floor lantai dua

  (US) lantai satu

second-hand bekas

see melihat

  can I see? boleh saya melihat?

  have you seen ...? apa anda sudah melihat ...?

  I saw him this morning saya melihat dia pagi ini

  see you! sampai bertemu lagi!

  I see (I understand) saya mengerti

self-service swalayan

sell menjual

  do you sell ...? apa anda menjual ...?

Sellotape® selotip

send mengirim

  I want to send this to England saya mau mengirim ini ke Inggris

senior citizen orang tua

separate terpisah

separated: I'm separated saya hidup terpisah

separately (pay, travel) secara terpisah

September 'September'

septic menyebabkan busuk

serious (person) serius

  (problem, illness) parah

service charge (in restaurant) 'tip'

service station pompa bensin

serviette serbet

several beberapa

sew menjahit

  could you sew this back on? apa ini bisa dijahit kembali?

sex seks

sexy seksi

shade: in the shade di tempat teduh

shake: let's shake hands mari bersalaman

shallow (water) dangkal

shame: what a shame! sayang!

shampoo (noun) sampo

share (verb: room, table etc) membagi

sharp (knife) tajam

  (taste) asam

shattered (very tired) capai

shaver alat cukur

shaving foam busa cukur

shaving point stopkontak untuk alat cukur listrik

she* dia, ia

  is she here? apa dia ada?

sheet (for bed) seprai

shelf tempat rak

shell kerang

shellfish kerang

ship kapal
  by ship naik kapal
shirt kemeja
shit! tahi!
shock (noun) kejutan
  I got an electric shock from
  the ... saya tersetrum listrik
  dari ...
shock-absorber peresap
  goncangan
shocking mengejutkan
shoe sepatu
  a pair of shoes sepasang
  sepatu
shoelaces tali sepatu
shoe polish semir sepatu
shoe repairer tukang sepatu
shop toko

> Most shops are open from 9 a.m.
> until 5 p.m. or a little later from
> Monday to Saturday. Some
> shops are closed on Friday
> afternoon for Muslim Friday
> prayers. The large shopping
> malls are usually open every day
> of the week until 8 p.m.

shopping: I'm going shopping
  saya mau pergi berbelanja
shopping centre pusat
  pertokoan
shop window jendela toko
shore pantai
short pendek
shortcut jalan pintas
shorts celana pendek
should: what should I do? apa
  yang harus saya buat?

you should ... kamu harus ...
you shouldn't ... jangan
  mau ...
he should be back soon dia
  akan kembali sebentar
  lagi
shoulder pundak
shout (verb) berteriak
show (in theatre) pertunjukan
  could you show me? tolong
  perlihatkan saya
shower (in bathroom) dus
  (of rain) hujan
  with shower dengan dus
shower gel 'shower gel'
shrine tempat suci
shut (adj) tutup
  (verb) menutup
  when do you shut? jam
  berapa tutup?
  when does it shut? jam
  berapa tutup?
  they're shut sudah tutup
  shut up! diamlah!
shutter (on camera) layar
  (on window) penutup jendela
shy malu
sick (ill) mual, sakit
  I'm going to be sick saya akan
  muntah
side sisi
  the other side of the street di
  seberang jalan
side lights lampu samping
side salad lalap
side street jalan kecil
sidewalk trotoar
  on the sidewalk di atas
  trotoar

a	tap
ai	I
au	now
c	ch
e	uh
e	eh
i	ee
o	hop
sy	sh
u	oo
v	f

Si

sightseeing: we're going
sightseeing kami mau
berkeliling
sightseeing tour perjalanan
keliling
sign (roadsign etc) tanda
signal: he didn't signal dia tidak
memberi tanda
signature tanda tangan
silence keheningan
silk sutera
silly tolol
silver perak
similar serupa
simple (easy) sederhana
since: since last week sejak
minggu lalu
since I got here sejak saya
datang di sini
sing bernyanyi
Singapore Singapura
singer penyanyi
single: a single to ... karcis
sekali jalan ke ...
I'm single (said by man/woman)
saya belum menikah/
kawin
single bed tempat tidur untuk
satu orang
single room kamar untuk satu
orang
single ticket karcis untuk sekali
jalan
sink (in kitchen, bathroom) wastafel
sister saudara perempuan
sister-in-law ipar perempuan
sit: can I sit here? boleh saya
duduk sini?
is anyone sitting here? apa

ada orang yang duduk di
sini?
sit down duduk
sit down! silakan duduk!
size ukuran
skin kulit
skin-diving olahraga selam
skinny kurus
skirt rok
sky langit
sleep (verb) tidur
did you sleep well? apa anda
tidur nyenyak?
sleeper (on train) gerbong
bertempat tidur
sleeping car gerbong
bertempat tidur
sleeping pill pil tidur
sleepy: I'm feeling sleepy saya
ngantuk
sleeve lengan baju
slide (photographic) 'slide'
slippery licin
slow lambat
slow down! pelan-pelan!
slowly dengan lambat
very slowly dengan lambat
sekali
small kecil
smell: it smells (smells bad) bau
smile (verb) senyum
smoke (noun) asap
do you mind if I smoke? apa
anda tidak berkeberatan
kalau saya merokok?
I don't smoke saya tidak
merokok
do you smoke? apa anda
merokok?

snack makanan kecil

snake ular

sneeze (noun) bersin

snorkel 'snorkel'

snow (noun) salju

so: it's so good sangat bagus
it's so expensive terlalu
mahal
not so much tidak begitu
banyak
not so bad tidak begitu
buruk
so am I saya juga
so do I saya juga
so-so lumayan

soaking solution (for contact
lenses) larutan perendam
lensa kontak

soap sabun

soap powder sabun cuci

sock kaus kaki

socket (electrical) stopkontak

soda (water) air 'soda'

sofa 'sofa'

soft (material etc) halus

soft-boiled egg telur rebus
setengah matang

soft drink minuman tanpa
alkohol

soft lenses lensa kontak lunak

sole (of shoe, of foot) sol
could you put new soles on
these? apa ini bisa
diperbaiki?

some: can I have some ...?
boleh saya minta
beberapa ...?
can I have some? boleh saya
minta?

somebody, someone seseorang

something sesuatu
something to eat sesuatu
untuk di makan

sometimes kadang-kadang

somewhere di suatu tempat

son anak laki-laki

song lagu

son-in-law menantu laki-laki

soon segera
I'll be back soon saya akan
segera kembali
as soon as possible secepat
mungkin

sore: it's sore sakit

sore throat sakit tenggorokan

sorry: (I'm) sorry maaf
sorry? (didn't understand) tolong
diulang lagi

sort: what sort of ...? macam ...
apa?

soup sup

sour (taste) asam

south selatan
in the south di daerah
selatan

South Africa Afrika selatan

South African (adj) Afrika
selatan
I'm South African saya orang
Afrika selatan

South China Sea Laut Cina
Selatan

southeast tenggara

South-East Asia Asia Tenggara

southern bagian selatan

southwest barat-daya

souvenir oleh-oleh

Spain Spanyol

a	tap
ai	I
au	now
c	ch
e	uh
e	eh
i	ee
o	hop
sy	sh
u	oo
v	f

Spanish (adj) Spanyol
spanner kunci Inggris
spare part suku cadang
spare tyre ban serep
spark plug busi
speak: do you speak English?
apa anda berbicara bahasa
Inggris?
I don't speak ... saya tidak
bisa berbicara bahasa ...

•••••• DIALOGUE ••••••

can I speak to Megawati? boleh
saya berbicara dengan
Megawati?
who's calling? dari siapa?
it's Anna dari Anna
I'm sorry, she's not in, can I take a
message? dia tidak ada, ada
pesan?
no thanks, I'll call back later tidak
ada, saya akan menelepon
kembali
please tell her I called tolong
beritahu saya menelepon dia

spectacles kacamata
speed (noun) kecepatan
speed limit batas kecepatan
speedometer spedometer
spell: how do you spell it?
bagaimana menulisnya?
see alphabet
spend membelanjakan
spices bumbu
spicy (food) pedas
spider laba-laba

spirits
Spirits are very much frowned
upon and generally are only
on sale in international hotels
or in the Chinese quarters of
towns. Small bottles of 'whisky-
flavoured' spirits can be bought
in some shops in the Chinese
quarters. Restaurants which sell
beer usually have a sign up
banning the drinking of spirits
or 'minuman keras' (literally:
heavy drink).

splinter suban kayu
spoke (in wheel) jari-jari
spoon sendok
sport olahraga
sprain: I've sprained my ... ...
saya keseleo
spring (season) musim semi
(of car, seat) pegas
in the spring pada musim
semi
hot spring sumber air panas
square (in town) medan
stairs tangga
stale basi
stall: the engine keeps stalling
mesin terus mati
stamp (noun) perangko

•••••• DIALOGUE ••••••

a stamp for England, please satu
perangko untuk Inggris
what are you sending? apa yang
anda mau kirim?
this postcard kartu pos ini

Stamps can be bought from post offices and some other shops in tourist areas; shops selling postcards and books often sell stamps. Agencies which offer a post restante service will also sell stamps.

standby 'standby'
star bintang
  (in film) bintang 'film'
start (noun) permulaan
  (verb) memulai
  when does it start? jam berapa mulainya?
  the car won't start mobil ini tidak mau hidup
starter (of car) kontak
  (food) makanan pembuka
starving: I'm starving saya lapar
state (country) negara
  the States (USA) Amerika Serikat
station stasiun
statue patung
stay: where are you staying? anda menginap di mana?
  I'm staying at ... saya menginap di ...
  I'd like to stay another two nights saya mau menginap dua malam lagi
steak bistik
steal mencuri
  my bag has been stolen tas saya dicuri
steep (hill) curam
steering sistim kemudi

step: on the steps di atas tangga
sterling pon sterling [stair-ling]
steward (on plane) pramugara
stewardess pramugari
sticking plaster plester
still: I'm still here saya masih di sini
  is he still there? apa dia masih di sana?
  keep still! jangan!
sting: I've been stung saya digigit serangga
stockings 'stocking'
stomach perut
stomach ache sakit perut
stone (rock) batu
stop (verb) berhenti
  please, stop here (to taxi driver etc) tolong berhenti di sini
  do you stop near ...? apa anda berhenti dekat ...?
  stop it! janganlah!
stopover persinggahan
storm badai
straight: straight on lurus
  it's straight ahead lurus ke depan
straightaway langsung
strange (odd) aneh
stranger: I'm a stranger here saya bukan orang sini
strap (on watch) ikat arloji
  (on dress) tali bahu
  (on suitcase) tali kopor
strawberry arbei
stream sungai kecil
street jalan
  on the street di jalan

a	tap
ai	I
au	now
c	ch
e	uh
e	eh
i	ee
o	hop
sy	sh
u	oo
v	f

St

streetmap peta jalan

string tali

strong (person) kuat

  (taste, drink) keras

stuck macet

  it's stuck ini macet

student mahasiswa

stupid bodoh

suburb pinggiran kota

suddenly tiba-tiba

suede kulit

sugar gula

suit (noun) setelan

  it doesn't suit me (jacket etc) ini
  tidak cocok

  it suits you itu cocok buat
  anda

suitcase kopor

summer musim panas

  in the summer pada musim
  panas

sun matahari

  in the sun di bawah
  matahari

  out of the sun di luar
  matahari

sunbathe berjemur diri

sunblock 'sunblock'

sunburn terbakar matahari

sunburnt terbakar matahari

Sunday hari Minggu

sunglasses kacamata hitam

sunny: it's sunny cerah

sunset matahari terbenam

sunshade payung

sunshine sinar matahari

sunstroke kelengar matahari

suntan lotion losion untuk
  berjemur diri

suntan oil oli untuk berjemur
  diri

super bagus sekali

supermarket toko swalayan,
  'supermarket'

supper makan malam

supplement (extra charge)
  tambahan

sure: are you sure? apa anda
  yakin?

sure! ya, pasti!, betul!

surname nama keluarga

swearword sumpah serapah

sweater sweter

sweatshirt baju kaus tebal

Sweden Swedia

Swedish (adj) Swedia

sweet (taste) manis

  (noun: dessert) jajanan manis

sweets permen

swelling bengkak

swim (verb) berenang

  I'm going for a swim saya mau
  berenang

  let's go for a swim mari kita
  berenang

swimming costume pakaian
  renang

swimming pool kolam renang

swimming trunks pakaian
  renang

switch (noun) tombol

switch off mematikan

switch on menghidupkan

swollen bengkak

T

table meja
  a table for two meja untuk
  dua
tablecloth taplak meja
table tennis tenis meja
tailor penjahit
take (verb: lead) mengambil
  (accept) menerima
  can you take me to the ...?
  apa anda bisa
  mengantarakan saya ke ...?
  do you take credit cards? apa
  anda menerima kartu
  kredit?
  fine, I'll take it ya, boleh
  can I take this? (leaflet etc)
  boleh saya mengambil ini?
  how long does it take? berapa
  lama itu berlangsung?
  it takes three hours tiga jam
  is this seat taken? apa ada
  orang yang duduk di sini?
  hamburger to take away
  'hamburger' untuk dibawa
  pulang
  can you take a little off here?
  (to hairdresser) tolong, ini
  dipotong sedikit
talcum powder bedak talek
talk (verb) berbicara
tall tinggi
tampons 'tampon'
tan: to get a tan berjemur diri
tank (of car etc) tangki
tap keran
tape (cassette) 'tape'
tape measure pita mengukur

tape recorder alat perekam
taste (noun) rasa
  can I taste it? boleh saya rasa
  itu?
taxi taksi
  will you get me a taxi? tolong
  panggil taksi untuk saya
  where can I find a taxi? di
  mana bisa saya dapat taksi?

•••••• DIALOGUE ••••••

to the airport/to the Indonesia
Hotel, please ke bandara udara/
ke Hotel Indonesia
how much will it be? berapa
harganya?
30,000 rupiah tiga puluh ribu
rupiah
that's fine right here, thanks ya,
disini, terima kasih

a	tap
ai	I
au	now
c	ch
e	uh
e	eh
i	ee
o	hop
sy	sh
u	oo
v	f

Taxis are generally cheap in
Indonesia, except if you take
one from an airport. Taxi
drivers picking up from airports
often don't start their meters,
which they should do – to get
them to start the meter, say
'tolong menghidupkan meter'.
Taxis picking up from Soekarno-
Hatta will ask you to pay for the
toll gates on the freeway: you are
expected to do this.
Taxi drivers in the larger cities,
Jakarta in particular, often
genuinely have no real idea of
the exact location of your desti-
nation as they are frequently
from the outer islands. If you
→

can, make a note in advance of the large roads or any landmarks on the way to your intended destination. This will help the taxi driver, and also give the impression that you know where you are going, so deterring the driver from taking you on a longer and more expensive route.

taxi driver sopir taksi
taxi rank pangkalan taksi
tea (drink) teh
  tea for one/two, please minta teh untuk satu/dua orang
teabags kantong teh
teach: could you teach me? apa anda bisa mengajar saya?
teacher guru
teak jati
team tim
tea plantation kebun teh
teaspoon sendok teh
tea towel lap
teenager remaja
telegram telegram
telephone telepon
  see phone
television televisi
tell: could you tell him ...?
  tolong bilang kepada dia ...
temperature (weather) suhu
  (fever) demam
temple (in Bali) pura
  (in Java) candi
tennis tenis
tennis ball bola tenis
tennis court lapangan tenis
tennis racket raket tenis

tent tenda
term (at university, school) semester
terminus (rail) terminus
terrible jelek sekali
terrific bagus sekali
Thai (adj) 'Thai'
Thailand Muang 'Thai'
than* daripada
  smaller than lebih kecil daripada
thank: thank you terima kasih
  thanks terima kasih
  thank you very much terima kasih banyak
  thanks for the lift terima kasih atas tumpangan
  no, thanks terima kasih, tidak

•••••• DIALOGUE ••••••

thanks terima kasih
don't mention it kembali

that*: that boy anak laki-laki itu
  that girl anak perempuan itu
  that one yang itu
  I hope that ... saya berharap bahwa ...
  that's nice itu bagus
  is that ...? apa itu ...?
  that's it (that's right) begitulah
the*
theatre teater
their* mereka
theirs* punya mereka
them* mereka
  for them untuk mereka
  with them dengan mereka
  to them kepada mereka

who? – them siapa? –
mereke
then (at that time) waktu itu
  (after that) setelah itu
there di situ, di sana
  over there di situ, di sana
  up there di atas situ
  is/are there ...? apa ada ...?
  there is/are ... ada ...
  there you are (giving something)
  inilah
thermometer termometer
Thermos® flask termos
these*: these men laki-laki ini
  these women perempuan ini
  I'd like these saya mau yang
  ini
they* mereka
thick tebal
  (stupid) bodoh
thief pencuri
thigh paha
thin tipis
thing benda
  my things barang-barang
  saya
think pikir
  I think so saya kira begitu
  I don't think so saya kira
  bukan begitu
  I'll think about it saya akan
  memikirkan itu
third-party insurance asuransi
  pihak ketiga
thirsty: I'm thirsty saya haus
this*: this boy anak laki-laki ini
  this girl anak perempuan ini
  this one yang ini
  this is my wife ini isteri saya
  is this ...? apa ini ...?

those*: those men laki-laki itu
  those women perempuan itu
  which ones? – those yang
  mana? – yang di situ
thread (noun) benang
throat kerongkongan
throat pastilles obat
  kerongkongan
through lewat
  does it go through Madiun?
  (train, bus) apa bis ini
  melewati Madiun?
throw (verb) melempar
throw away membuang
thumb ibu jari
thunderstorm hujan angin
Thursday hari Kamis
ticket karcis

•••••• DIALOGUE ••••••
  a return to Jakarta karcis pulang
  pergi ke Jakarta
  coming back when? kapan mau
  kembali?
  today/next Tuesday hari ini/hari
  Selasa depan
  that will be 12,000 rupiah
  harganya dua belas ribu rupiah

ticket office (bus, rail) loket
  karcis
tide pasang
tie (necktie) dasi
tight (clothes etc) ketat
  it's too tight ini terlalu ketat
tights celana ketat
till (cash desk) kasa
time* waktu
  what's the time? jam berapa?
  this time kali ini

a	tap
ai	I
au	now
c	ch
e	uh
e	eh
i	ee
o	hop
sy	sh
u	oo
v	f

last time kali yang terakhir
next time kali yang berikut
three times tiga kali

timekeeping
Literally translated as 'rubber time', jam karet is the principle of flexibility that's rife throughout Indonesia and seems particularly prevalent whenever you need to do something in a hurry. The best way to deal with this is to take the local approach – sit down, enjoy the view and assume that it will happen ... eventually.

timetable jadwal
tin (can) kaleng
tin-opener alat pembuka kaleng
tiny kecil sekali
tip (for waiter etc) 'tip'

Tipping is not customary in Indonesia, except in the larger hotels and restaurants. However, you can show your appreciation to a rickshaw driver or a roving street vendor by offering them a cigarette.

tire (US) ban
tired lelah
 I'm tired saya lelah
tissues kertas tisu
to: to Payakumbuh/London ke Payakumbuh/London
 to Indonesia/England ke Indonesia/Inggris
 to the post office ke kantor pos
toast (bread) roti panggang
today hari ini
toe jari kaki
together bersama
 we're together (in shop etc) kami bersama
 we want to go together kami mau pergi bersama-sama
toilet w.c. [weh seh]
 where is the toilet? di mana w.c.?
 I have to go to the toilet saya mau ke w.c.

Indonesian toilets are squatting toilets, which you flush with a ladle. Be sure to wash your footprints away too, and leave the place clean for the next person. Indonesian toilets are often very wet places, so don't take anything in with you which you would need to rest on the floor. You should never put toilet paper down the toilet, as it can easily get blocked. There is usually a bin provided, either inside or outside the toilet cubicle. Toilet paper is not provided.

toilet paper kertas w.c. [weh seh]
tomato tomat
tomato juice sari tomat
tomato ketchup saus tomat
tomorrow besok

tomorrow morning besok pagi
the day after tomorrow lusa
tongue lidah
tonic (water) air tonikum
tonight malam ini
tonsillitis sakit tonsil
too (excessively) terlalu
(also) juga
too hot terlalu panas
too much terlalu banyak
me too saya juga
tooth gigi
toothache sakit gigi
toothbrush sikat gigi
toothpaste pasta gigi
top: on top of ... di atas ...
(mountain) di puncak ...
at the top di puncak
top floor lantai atas
topless 'topless'
torch senter
total jumlah
tour perjalanan keliling
is there a tour of ...? apa ada
perjalanan keliling ...?
tour guide pengantar
perjalanan keliling
tourist turis
tourist information office kantor
parawisata
tour operator agen perjalanan
towards menuju
towel anduk
town kota
in town di kota
just out of town agak di luar
kota
town centre pusat kota
town hall balai kota

toy mainan
track (US: platform) peron
which track is it for Bandung?
peron nomor berapa yang
ke Bandung?
tracksuit pakaian lari
traditional adat
traffic lalu-lintas
traffic jam kemacetan lalu-
lintas
traffic lights lampu lalu-lintas
train kereta api
by train naik kereta api

•••••• DIALOGUE ••••••

is this the train for Madiun? apa
kereta api ini ke Madiun?
sure betul
no, you want that platform there
tidak, anda perlu ke peron itu

Passenger services are available
only in Java, with limited
services in North and South
Sumatra.
Trains are much slower than
buses, but are a much safer and
pleasanter way to travel. Indo-
nesians like to travel at night —
it's much cooler and there are a
number of night trains connect-
ing the major towns in Java.
First-class carriages are air-
conditioned, and sleepers are
available. There is usually a
restaurant car in the first-class
section.
You can book your tickets at the
station, though it's probably →

a	tap
ai	I
au	now
c	ch
e	uh
e	eh
i	ee
o	hop
sy	sh
u	oo
v	f

> easier to arrange advance bookings from a local travel agent. Tickets should be booked in advance, especially if you intend to travel around the time of major holidays, school holidays and weekends.

trainers (shoes) sepatu olahraga
train station stasiun kereta api
translate menterjemahkan
  could you translate that? apa anda bisa menterjemahkan itu?
translation terjemahan
translator penterjemah
trash (refuse) sampah
trashcan tempat sampah
travel bepergian
  we're travelling around kami jalan-jalan berkeliling
travel agent's biro perjalanan
traveller's cheque cek perjalanan
tray baki
tree pohon
tremendous hebat
trim: just a trim, please tolong potong sedikit saja
trip (excursion) perjalanan
  I'd like to go on a trip to ... saya mau bepergian ke ...
trishaw becak
trolley troli
trouble (noun) kesusahan
  I'm having trouble with ...
  ... ini menyusahkan saya
trousers celana panjang
true benar

that's not true itu tidak benar
trunk (US: of car) tempat bagasi
trunks (swimming) pakaian renang
try (verb) mencoba
  can I try it? boleh saya mencoba itu?
try on mencoba
  can I try it on? boleh saya mencoba itu?
T-shirt kaus
Tuesday hari Selasa
tuna ikan tongkol
tunnel terowongan
turn (verb) belok
  turn left belok kiri
  turn right belok kanan
turn off (TV, lights, engine) mematikan
  where do I turn off? di mana saya harus berbelok?
turn on (TV, lights, engine) menghidupkan
turning (in road) belokan
turtle kura-kura
TV televisi
twice dua kali
  twice as much dua kali lipat
twin room kamar dengan dua tempat tidur
twist: I've twisted my ankle pergelangan kaki saya keseleo
type (noun) jenis
  another type of ... satu jenis ... yang lain
typical khas
tyre ban

U

ugly jelek
UK Inggris Raya
ulcer borok
umbrella payung
uncle paman
unconscious tidak sadar
under (in position) di bawah
  (less than) kurang dari
underdone (meat) kurang
  matang
underpants celana dalam
understand: I understand saya
  mengerti
  I don't understand saya tidak
  mengerti
  do you understand? apa anda
  mengerti?
unemployed menganggur
United States Amerika Serikat
university universitas
unlimited mileage kilometer
  tidak berbatas
unlock membuka
unpack membuka kopor
until sampai
unusual tidak biasa
up ke atas
  up there di atas situ
  he's not up yet (not out of bed)
  dia belum bangun
  what's up? (what's wrong?) ada
  apa?
upmarket mewah
upset stomach sakit perut
upside down terbalik atas
  bawah
upstairs di lantai atas

up-to-date yang paling baru
urgent mendesak
us* (excluding those addressed) kami
  (including those addressed) kita
  with us dengan kami/kita
  for us untuk kami/kita
USA AS [a es]
use (verb) memakai
  may I use this? boleh saya
  memakai ini?
useful berguna
usual biasa
  the usual (drink) yang biasa

V

vacancy: do you have any
  vacancies? apa ada kamar
  kosong?
  see room
vacation liburan
  on vacation berliburan
vaccination vaksinasi
vacuum cleaner mesin
  penghisap debu
valid (ticket etc) berlaku
  how long is it valid for?
  berapa lama ini berlaku?
valley lembah
valuable (adj) berharga
  can I leave my valuables here?
  boleh saya tinggalkan
  barang-barang berharga di
  sini?
value (noun) nilai
van mobil barang
vanilla panili
  a vanilla ice cream es-krim
  panili

a	tap
ai	I
au	now
c	ch
e	uh
e	eh
i	ee
o	hop
sy	sh
u	oo
v	f

Va

vary: it varies tergantung
vase jambangan bunga
veal daging anak sapi
vegetables sayuran
vegetarian (noun) 'vegetarian'
very sangat
very little for me sedikit saja
untuk saya
I like it very much saya sangat
suka itu
vest (under shirt) rompi
via lewat
video (noun: film) 'video'
(recorder) perekam 'video'
Vietnam 'Vietnam'
Vietnamese (adj) 'Vietnam'
view pemandangan
village kampung
vinegar cuka
visa 'visa'

Visas are not required for
nationals of Australia, Canada,
New Zealand, the United States
of America and EU countries
intending to travel as tourists.
You may stay for a maximum of
two months and are required to
provide proof of an onward
ticket, though often evidence of
sufficient funds (around 2,500
US dollars) will do.

visit (verb) mengunjungi
I'd like to visit ... saya mau
mengunjungi ...
vital: it's vital that ... sangat
perlu bahwa ...
vodka 'vodka'

voice suara
volcano gunung berapi
voltage tegangan volt

Electricity is available in most
places now, though few hotels
offer electricity points in rooms.
Also, it is easy to overload the
electrics, so ask before you use
any electrical equipment – you
may blow the fuses of the whole
place.

vomit muntah

W

waist pinggang
wait menunggu
wait for me tunggu saya
don't wait for me tidak perlu
tunggu saya
can I wait until my wife/partner
gets here? boleh saya tunggu
di sini sampai isteri/suami
saya datang?
can you do it while I wait?
boleh anda selesainya selagi
saya menunggu?
could you wait here for me?
tolong tunggu saya di sini
waiter pelayan
waiter! (older) pak!
(older in Java) mas!
(younger) dik!, bung!
waitress pelayan wanita
waitress! (older) bu!
(older in Java) mbak!
(younger) dik!, kak!

wake: can you wake me up at
5.30? tolong bangunkan saya
jam setengah enam
wake-up call telepon bangun
pagi
Wales 'Wales'
walk (noun) jalan-jalan
(verb) berjalan
it's only a short walk tidak
jauh
I'll walk saya mau jalan kaki
I'm going for a walk saya mau
jalan-jalan
Walkman® 'walkman'
wall dinding
wallet dompet
wander: I like just wandering
around say suka jalan-jalan
saja
want: I want a ... saya mau ...
I don't want any saya tidak
mau apa-apa
I want to go home saya mau
pulang
I don't want to saya tidak
mau
he wants to dia mau
what do you want? anda mau
apa?
ward (in hospital) bangsal rumah
sakit
warm hangat
was*
wash (verb) mencuci
can you wash these? apa
anda bisa mencuci ini?
washer (for bolt etc) cincin
penutup
washhand basin wastafel

washing (clothes) cucian
washing machine mesin cuci
washing powder sabun cuci
washing-up liquid sabun cuci
piring
wasp tawon
watch (wristwatch) jam tangan
will you watch my things for
me? apa anda bisa menjaga
barang-barang saya?
watch out! awas!
watch strap ikat arloji
water air
may I have some water? boleh
saya minta segelas air?
waterfall air terjun
waterproof (adj) tahan air
waterskiing ski air
wave (in sea) gelombang
way: it's this way lewat jalan ini
it's that way lewat jalan itu
is it a long way to ...? apa
perjalanan ke ... jauh?
no way! tidak mungkin!

•••••• DIALOGUE ••••••

could you tell me the way to ...?
bisa anda beritahu jalan ke ...?
go straight on until you reach the
traffic lights jalan lurus sampai ke
lampu lalu lintas
turn left belok kiri
take the first on the right belok
kanan yang pertama
see **where?**

we* (excluding those addressed)
kami
(including those addressed) **kita**
weak lemah

a	tap
ai	I
au	now
c	ch
e	uh
e	eh
i	ee
o	hop
sy	sh
u	oo
v	f

| We

weather cuaca

•••••• DIALOGUE ••••••

what's the weather forecast? apa hasil ramalan cuaca?

it's going to be fine berlangsung baik

it's going to rain akan turun hujan

it'll brighten up later cuaca akan membaik

wedding pernikahan

wedding ring cincin pernikahan

Wednesday hari Rabu

week minggu

a week (from) today seminggu dari sekarang

a week (from) tomorrow seminggu dari besok

weekend akhir minggu

at the weekend pada akhir minggu

weight berat

weird aneh

weirdo orang sinting

welcome! selamat datang!

you're welcome (don't mention it) kembali

well: I don't feel well saya sakit

she's not well dia sakit

you speak English very well anda lancar bahasa Inggris

well done! bagus!

this one as well yang ini juga

•••••• DIALOGUE ••••••

how are you? apa kabar?

very well, thanks, and you? baik-baik saja, dan anda?

well-done (meat) matang betul

Welsh 'Wales'

I'm Welsh saya orang 'Wales'

were*

west barat

in the west di sebelah barat

West Indian (adj) Hindia barat

western bagian barat

wet basah

what? apa?

what's that? apa itu?

what should I do? apa yang saya harus lakukan?

what a view! pemandangan yang luar biasa!

what bus do I take? saya harus naik bis yang mana?

wheel roda

wheelchair kursi roda

when? kapan?

when we get back ketika kami kembali

when's the train/ferry? kapan kereta api/feri datang?

where? di mana?

I don't know where it is saya tidak tahu di mananya

•••••• DIALOGUE ••••••

where is the Javanese palace? di mana keraton?

it's over there di sana

could you show me where ... is on the map? bisa anda tunjukkan di mana ... di dalam peta?

it's just here di sini

see way

which: which bus? bis yang mana?

•••••• DIALOGUE ••••••

which one? yang mana?
that one yang itu
this one? yang ini?
no, that one bukan, yang itu

while: while I'm here sementara saya di sini
whisky wiski
white putih
white wine anggur putih
who? siapa?
 who is it? siapa itu?
 the man who ... orang yang ...
whole: the whole week satu minggu penuh
 the whole lot semuanya
whose: whose is this? punya siapa ini?
why? mengapa?
 why not? mengapa tidak?
wide luas
wife: my wife isteri saya
wild pig babi hutan
will*: will you do it for me? apa anda bisa melakukannya untuk saya?
wind (noun) angin
window jendela
 near the window dekat jendela
 in the window di jendela
window seat kursi dekat jendela
windscreen kaca depan
windscreen wiper kipas kaca
windsurfing selancar angin
windy: it's so windy berangin

wine anggur
 can we have some more wine? kami minta sebotol anggur lagi
wine list daftar anggur
winter musim dingin
 in the winter pada musim dingin
wire kabel
 (electric) kabel listrik
wish: best wishes salam sejahtera
with dengan
 I'm staying with ... saya tinggal dengan ...
without tanpa
witness saksi
 will you be a witness for me? apa anda bisa menjadi saksi untuk saya?
woman perempuan

a	tap
ai	I
au	now
c	ch
e	uh
e	eh
i	ee
o	hop
sy	sh
u	oo
v	f

---

women
Western women, especially blondes, inevitably attract attention on the street. However, comments are usually fairly innocent and best dealt with by calmly walking on by. In smaller towns, a tourist's presence will be of great interest, and dressing respectfully will improve your reception.

wonderful sangat bagus
won't*: it won't start tidak jalan
wood (material) kayu
woods (forest) hutan
wool wol

Wo

word kata
work (noun) pekerjaan
  it's not working ini tidak jalan
  I work in ... saya bekerja di ...
world dunia
worry: I'm worried saya
  khawatir
worse: it's worse lebih buruk
worst paling buruk
worth: is it worth a visit? apa
  kunjungan itu menarik?
would: would you give this
  to ...? boleh saya titip ini
  untuk ...?
wrap: could you wrap it up?
  tolong dibungkus
wrapping paper kertas
  pembungkus
wrist pergelangan tangan
write menulis
  could you write it down?
  tolong ditulis
  how do you write it?
  bagaimana menulisnya?
writing paper kertas tulis
wrong: it's the wrong key kunci
  yang salah
  this is the wrong train ini
  kereta api yang salah
  the bill's wrong bon ini salah
  sorry, wrong number maaf,
  salah sambung
  sorry, wrong room maaf, salah
  kamar
  there's something wrong
  with ... ada sesuatu yang
  salah dengan ...
  what's wrong? ada apa?

X

X-ray sinar X

Y

yacht kapal pesiar
year tahun
yellow kuning
yes ya
yesterday kemarin
  yesterday morning kemarin
  pagi
  the day before yesterday
  kemarin dulu
yet belum

•••••• DIALOGUE ••••••

is ... here yet? apa ... sudah
datang?
no, not yet belum
you'll have to wait a little longer yet
anda harus tunggu sebentar lagi

yoghurt 'yogurt'
you* (pol: general) anda
  (fam: to someone of same age)
  kamu
  (pol: to older man) Bapak
  (pol: to older woman) Ibu
  (pol: to much younger person) adik
  (to child) anak

Different words are used to
address people in Indonesian
and the word used depends on
a person's age and status. With
friends or people you consider
to be of equal status, **kamu** →

> or **engkau** can be used. Some
> people who may be of the same
> age and social status as you
> could be offended if you are too
> informal with them on first
> meeting. It is always best to be
> over-polite. If in doubt, use the
> general polite form **anda**, which
> is what Indonesians may use to
> address you. See pages 7-8 for
> further information about the
> different words for 'you'.

young muda
your* (pol: general) **anda**
  (fam: to someone of the same age or a
  child) **kamu**
  (pol: to older man) **Bapak**
  (pol: to older woman) **Ibu**
  (pol: to much younger person) **adik**
yours* (pol: general) **punya anda**
  (fam: to someone of the same age or a
  child) **punya kamu**
  (pol: to older man) **punya Bapak**
  (pol: to older woman) **punya Ibu**
  (pol: to much younger person)
  punya adik
youth hostel losmen pemuda

Z

zero nol
zip ritsleting
  could you put a new zip on?
  apa anda bisa menjahit
  ritsleting baru?
zip code kode pos
zoo kebun binatang

a	t<u>a</u>p
ai	I
au	n<u>ow</u>
c	ch
e	uh
e	eh
i	ee
o	h<u>o</u>p
sy	sh
u	oo
v	f

Zo

Indonesian-English

COLLOQUIALISMS

The following are words you might well hear. You shouldn't be tempted to use any of the stronger ones unless you are sure of your audience.

astaga! hell!, damn!
asyik! cool!
begok thickhead, idiot
bodoh stupid
bulai, bule white-skinned person; Westerner
capek knackered
cewek bird, girl
cowok bloke
dungu thickhead, idiot
gerah boiling hot (weather)
gila barmy
goblok you fool (used affectionately)
gondrong long-haired person
GR big-headed
hebat fantastic, great
hipis hippy, scruffy foreigner
jelek awful
jelek sekali rubbish
kurang! it's not enough!
kurang ajar slobbish (literally: badly brought up; a neutral but effective thing to
    say if someone is harassing you)
londo Westerner
mabuk drunk
OKB nouveau riche
orang barat Westerner
orang dungu idiot
orang sinting nutter
pelit stingy
pergilah! get lost!
sedeng idiot
sinting crazy
tahi! shit!
teler drunk
tutup mulut! shut up!

A

abad century; ages
Abang him; his; you; your (pol:
to older man, but in similar age
bracket)
abau tortoise
abjad alphabet
ABRI Indonesian Armed
Forces
abu dust
abu-abu grey
AC air-conditioning
acara programme
acuan gips plaster cast
ada there is; there are
ada apa? what's the
matter?, what's wrong?
apa ada ...? is there ...?; are
there ...?
apa dia ada? is he/she here?
ada lagi? anything else?
adab courtesy; culture
ada orang engaged, occupied
adat traditional; custom,
tradition
adik younger brother;
younger sister; him; her;
his; hers; you; your (pol: to
much younger person)
adil fair, just
aduh! oh no!; ouch!
aduk mix
afiat well; healthy
Afrika selatan South Africa;
South African
agak rather; fairly; a bit
agama religion
agen agent

agenda diary
agen perjalanan travel agency,
tour operator
agung exalted; noble
Agustus August
ahli experienced
ahli kacamata optician
air water
air buah-buahan fruit juice
air jeruk murni fresh orange
juice
air mancur fountain
air mineral mineral water
air minum drinking water
air panas hot water
air soda soda water
air terjun waterfall
air tonikum tonic water
akan most; will
akan datang coming soon
akan dijual for sale
akhir end
akhir jalan tol end of toll road/
motorway
akhir minggu weekend
akhirnya eventually, at last
aki battery
akomodasi accommodation
akrab intimate, close
aksi action
aku I; me; mine
alam nature
alamat address
alamat baru forwarding
address
alami natural
alarem alarm
alat tool; device
alat-alat equipment

alat cukur shaver
alat cukur listrik electric shaver
alat masak cooking utensils
alat musik musical instrument
alat pemanggang grill
alat pembuka kaleng can-opener
alat pendengar hearing aid
alat perekam tape recorder
alat tulis stationery
alergi allergic
alergi rumput hayfever
alhamdulillah praise be to God
alis mata eyebrow
almarhum the deceased (male)
almarhuman the deceased (female)
alun-alun square
aman safe; peaceful
amandel almond
amat very; exceedingly
ambet nappy, diaper
ambil fetch
ambulans ambulance
Amerika America; American
Amerika Serikat USA
amper amp
amplop envelope
amplop pos udara airmail envelope
ampun forgiveness
ampun! for goodness' sake!
anak child; you (to a child)
anak-anak children
anak laki-laki boy; son
anak perempuan daughter
anda you; your (pol: general)
andai if
andaikata given that

anda punya yours
anda punya ...? have you got ...?
andong horse-drawn cab
anduk towel; flannel
anduk mandi bath towel
aneh strange, weird, odd
anggur wine; grapes
anggur biasa house wine
anggur merah red wine
anggur putih white wine
angin wind; breeze
angin topan cyclone, hurricane
angka number, figure
angklung bamboo musical instrument
angsa goose
aniaya ill-treatment, injustice
anjing dog
ankot minibus
antara between
anting-anting earrings
antri queue (verb)
antrian queue (noun)
anu whatsit, thingamajig
apa question marker
apa? what?
apa ada ...? do you have ...?; are there ...?; is there ...?
apa dia ada? is he/she in?
apa ini? what's this?
apa kabar? how are you?, how do you do?
apabila when
apakah question marker
apalagi moreover
apartemen flat, apartment
apa saja anything

apel apple
api fire
apotek, apotik pharmacy,
  chemist's
ara figs
arah direction
  arah yang mana? which
  direction?
arak-arakan procession
arbei strawberry
arkeologi archaeology
aroma flavour
artinya mean
arus current
as axle
AS USA
asam sour; sharp
asap smoke
asbak ashtray
Asia Tenggara Southeast Asia
asin salty
asing foreign; strange
  orang asing foreigner
asli genuine
asrama tentara military
  barracks
astaga! hell!, damn!
asuransi insurance
asuransi mobil green card (car
  insurance)
asuransi pihak ketiga third
  party insurance
asyik! cool!
atap roof
atas: di atas on; over; above;
  on top (of)
  di atas sana down there
  di atas situ up there
  di atas trottoir on the

  pavement/sidewalk
atau or
  atau ... atau ... either ... or ...
atletik athletics
atur arrange
Australia Australia; Australian
awak kapal crew (of ship)
awak pesawat crew (of plane)
awan cloud
awas! caution!; danger!; look
  out!
awas anjing galak! beware of
  vicious dog!
awas bahaya! danger!
awas copet beware
  pickpockets
awas kereta api beware of the
  trains
awas obat keras do not exceed
  stated dose
ayah dad; father
ayam chicken
ayo let's go; come on

B

babi pig
babi hutan wild pig
badai storm
badak rhinoceros
badan body
badui ethnic group in West
  Java
badut clown
bagaimana? how?
  bagaimana kabarnya? how are
  things?; what's happening?
bagaimanapun any way,
  whichever way

bagasi luggage, baggage
bagasi lebih excess baggage
bagasi tangan hand luggage,
hand baggage
bagian part; department;
portion
bagian depan front (part)
bagian gawat darurat casualty,
emergency department
bagian penerangan information
desk
bagian timur eastern
bagian wanita ladies'
department
bagus fine; lovely; excellent
itu bagus that's nice
bagus! well done!
bagus sekali excellent, terrific,
fantastic
bahan material, fabric
bahasa language
bahasa Belanda Dutch
bahasa Cina Chinese
bahasa daerah regional
language
bahasa Denmark Danish
bahasa Indonesia Indonesian
bahasa Inggris English
bahasa Itali Italian
bahasa Jerman German
bahasa Melayu Malay
bahasa Norwegia Norwegian
bahasa Perancis French
bahasa Spanyol Spanish
bahasa Swedia Swedish
bahaya danger
bahkan moreover
bahwa that
baik good; OK; nice; that's

fine; well
lebih baik better
baik-baik fine
baik-baik saja fine, all right,
OK; very well
apa kamu baik-baik saja? are
you all right?
baik hati kind, generous
baiklah! OK!, right!; it's a deal!
baik ... maupun ... bukan, baik ...
maupun ... tidak neither ...
nor ...
baik sekali! excellent!
bajaj, bajay motorized pedicab
baju hujan cagoule
baju kaus tebal sweatshirt
baju pelampung life jacket;
lifebelt
baju sweter pullover, sweater
baki tray
bak mandi water container for
bathing
bak sampah bin
balai kota town hall
balet ballet
balik go back; come back
balkon balcony
bambu bamboo
ban tyre, (US) tire
ban dalam inner tube
bandara large airport
bandar udara large airport
bandel obstinate, stubborn
Bang him; his; you; your (pol:
to older man, but in similar age
bracket; short for Abang)
bangga proud
bangkit get up
bangku tidur bunk

bangsa nation, people
  bangsa Indonesia the
  Indonesians
  bangsa Melayu the Malays
bangsal rumah sakit ward
bangsawang noble
bangun get up; wake up
bangunan building
banjir flood
ban serep spare tyre/tire
bantal pillow; cushion
bantuan help
banyak a lot, lots; a lot of, lots
  of, many; much
  tidak banyak not many
bapak dad; father
Bapak Mr; sir; him; his; you;
  your (pol: to older man)
bapak mertua father-in-law
bapak tiri stepfather
barang-barang things,
  belongings
barang-barang listrik electrical
  appliances
barang cetakan printed matter
barangkali maybe
barang pecah belah china
barang tembikar pottery
barang tentengan hand
  luggage, hand baggage
barang yang sudah dibeli tidak
  boleh ditukar atau
  dikembalikan no exchanges
  or refunds
barat western; west
  sebelah barat west of
barat-daya southwest
baratlaut northwest
baru new; only

baru-baru ini recently; the
  other day
baru saja just
basa-basi good manners
basah wet
basi stale
bata brick
batal cancelled
batas kecepatan speed limit
batere battery
batik type of cloth from
  central and northern Java
batu stone; rock
batuk cough
batuk rejan whooping cough
bau it smells (bad); bad smell;
  sting
bau harum smell good
bawah: di bawah down; under,
  below; underneath
  di bawah sana down there
  di bawah sini down here
  ke bawah go down
bawang onion
bawang merah shallot
bawang putih garlic
bawasir piles
bayam spinach
bayangan shadow
bayar pay
bayar disana reverse-charge
  call, collect call
bayar di sini please pay here
bayar kontan pay cash
bayi baby
bea-cukai Customs
bebas free
bebas bea duty-free
bebek duck

beberapa several; a few; some; a couple of
  beberapa hari a few days
becak trishaw; pedicab
bedah surgery
bedak talek talcum powder
beg bag
begitu so
  begitu banyak very much
  tidak begitu banyak not so much
  tidak begitu buruk not so bad
begitulah that's it, that's right
begok thickhead, idiot
beha bra
bekas second-hand
beker alarm clock
bekerja work
belajar learn
belakang back
  di belakang at the back
Belanda Netherlands; Dutch
belanjaan shopping
bel darurat alarm bell
Belgia Belgium; Belgian
belimbing star fruit, carambola
bel kebakaran fire alarm
belokan turning, bend
belokan berbahaya dangerous bend
belok kiri turn left
belum yet; not yet; no; never; didn't
belum kawin single, unmarried (woman)
belum pernah never, not yet
bemo small minibus
bemper bumper, (US) fender
ben band

benang thread
benang pembersih gigi dental floss
benar right, correct; true; real
  itu benar that's right
  benarkah? is it true?
benar-benar really
benci hate
benda-benda things, belongings
bendera flag
bendi horse-drawn cab
bengkak swollen; swelling
bengkel garage (for repairs)
benjol lump
benkel mobil garage (for repairs)
bensin petrol, (US) gas
benteng castle; fort
bepergian travel
beracun poisonous
berada be somewhere
berangin windy
berangkat leave
berani dare; brave
berapa: berapa? how much?; how many?
  berapa banyak? how many?
  berapa harganya? how much is it?
  berapa ini? how much is this?
berarti mean (verb)
beras rice (uncooked, in shops)
berasal: anda berasal dari mana? where do you come from?
berat weight; heavy; bad
berawan dull, cloudy
berbahaya risky, dangerous
berbaring lie down
berbeda different

berbelanja shopping
berbelok turn; turn off
berbicara speak; talk
  apa anda berbicara bahasa ...?
  do you speak ...?
berbisa poisonous
bercinta be in love; make love
bercukur shave
berdansa dance
berdarah bleed
berdebu dusty
berenang swim
beres in order
berguna useful
berharap hope
berharga cost; valuable
berhenti stop
beri jalan give way
beristirahat rest, take a rest
berita news
berjalan walk
berjanji promise
berjemur diri sunbathe
berkabut foggy
berkano canoeing
berkata say
berkelahi fight
berkeliling sightseeing
berlaku valid
berlari run
berlatih practise
berlawanan opposite
berlayar sail
berlian diamond
berliburan on holiday/vacation
bermain play
bermalam overnight
berminyak greasy
bernafas breathe

bernyanyi sing
berobat be treated
berpakaian get dressed
berpengalaman experienced
berpikir think
berpikiran sehat sensible
bersalah guilty
bersama together
bersama-sama together
bersantai relax
bersenang-senang enjoy
  oneself, have fun
bersih clean
bersin sneeze
bersoda fizzy
bertanggung jawab responsible
bertemu meet
berteriak scream; shout
bertrimakasih thank; grateful
bertunangan engaged (to be
  married)
berubah changeable
berwarna krem cream (colour)
besar large, big
besar sekali enormous
besi iron (metal)
besok tomorrow
besok pagi tomorrow morning
besok sore tomorrow
  afternoon
betul correct, right; real; sure,
  I agree
  betul? really?
  itu betul that's right
betul-betul really
biara monastery
biasa usual; normal; ordinary
biasanya most of the time,
  usually

biaya fee, charge
biaya memesan booking fee
bibi aunt
bibir lip
bicara: saya ingin bicara dengan
  ... I'd like to speak with ...
bidan midwife
bilang say
bimbang worried, anxious
binatang animal
binatang buas wild animal
binatu, binatu kimia dry-
  cleaner's
bingung confused
bintang star
bintang film film star
bintik spot
bioskop cinema, movie theater
bir beer
biring peluh German measles
bir lager lager
biro perjalanan travel agency
biru blue; pale
biru muda light blue
biru tua navy blue
bis bus
bisa can
  saya tidak bisa I can't
  bisakah? can you?
bis bandar udara airport bus
bis DAMRI airport bus
bisik whisper
bising noisy
biskuit biscuit, cookie; cracker
bis mini minibus
bisnis business
bistik steak
blitz flash
blumkol cauliflower

blus blouse
bocor leak; puncture
bocoran puncture
bodoh thick, stupid
bohong lie, tell a lie
bokek broke
bola ball
bola lampu light bulb
bola lampu potret flash
boleh allowed; may; yes,
  please; I'll take it; that's
  OK, that will be fine
  bolehkah? are we allowed to?
  boleh saya ...? is it possible to
  ...?, may I ...?
bolpoin ballpoint pen
bon bill, (US) check
boneka doll
borok ulcer
borok mulut mouth ulcer
botak bald
botol bottle
botol bayi baby's bottle
Bpk Mr
brem rice wine
bros brooch
brosur brochure
bu mum
  bu! waitress! (to older woman)
Bu Mrs; madam; hers; her;
  you; your (pol: to older woman;
  short for Ibu)
buah fruits
buah-buahan fruit
buatan made
buatan sendiri homemade
bujangan single, unmarried
buka open
buka dari jam ... sampai jam ...

open from ... to ... o'clock
bukan no; not
  bukan itu not that one
bukan ... bukan ... neither ...
  nor ...
bukan pantai umum private
  beach
buka sampai jam ... open until
  ...
bukit hill
bukit pasir sand dunes
buku book
buku alamat address book
buku catatan notebook
buku cek cheque book,
  checkbook
buku harian diary
buku pedoman guidebook
buku telepon phone book
buku ungkapan phrasebook
bulai white-skinned person;
  Westerner
bulan month; moon; in
bulan madu honeymoon
bulan puasa fasting month
bule white-skinned person;
  Westerner
bulu babi sea urchin
bumbu spices
bumi ground
  di atas bumi on the ground
buncis beans
bundar round, circular
bundaran roundabout (for
  traffic)
bung! waiter! (to younger man)
bunga flower
bunga teratai lotus flower
bungkus packet

bungsu youngest child
bunyi noise
buruk dreadful, bad; nasty
  lebih buruk worse
  paling buruk worst
buruk sekali appalling
burung bird
burung camar seagull
burung nuri parrot
busa cukur shaving foam
busi sparkplug
busuk rotten
buta blind

C

cabang fork (in road)
cacar air chickenpox
cacat disabled
cahaya bright light
cairan pembersih lensa kontak
  cleaning solution
campak measles
campur mix
candi shrine; temple (in Java)
cangkir cup; mug
cantik pretty; beautiful
capai, capek shattered,
  knackered
cara way
cara memasak cooking
  instructions
cara menyimpan storage
  instructions
cat paint
cat basi wet paint
cat kuku nail varnish
catur chess
catut tweezers

cedera injured

cek cheque, (US) check

cek perjalanan travellers' cheque/checks

celak eye shadow

celaka misfortune

celana dalam underwear

celana ketat tights, pantyhose

celana panjang trousers, (US) pants

celana pendek shorts

celana renang swimming trunks

cemburu jealous

cemerlang bright (colour)

cendawan mushrooms

cengkeh clove

cepat fast, quick; early
    cepat! hurry up!

cepat-cepat be in a hurry; hurry

cerah sunny

cerai divorced

cerdas intelligent

cerek kettle

ceri cherry

cerita story

cermin mirror

cerutu cigar

cetak film film processing

cewek bird, girl

cicak lizard

Cina China; Chinese

cincin ring

cincin penutup washer

cinta love (noun)

cinta pada love (verb)

cip chips, French fries

cirit diarrhoea

ciuman kiss

cocok suitable; well-matched; OK

cok choke

coklat brown; chocolate

coklat muda beige

coklat panas hot chocolate

coklat susu milk chocolate

Colt minibus

congkak board game with cowrie shells

contoh example
    contohnya for example

cowok bloke

cuaca weather

cubit pinch

cucian washing, laundry

cuci-cetakan film film processing

cuci film film processing

cuci mobil car wash

cuci mulut dessert

cucu grandchild

cucu laki-laki grandson

cucu perempuan granddaughter

cuka vinegar

cukup pretty, quite; plenty; enough; nothing else
    belum cukup there's not enough
    sudah cukup that's enough
    tidak cukup besar it's not big enough
    cukup banyak quite a lot

cuma-cuma free of charge
curam steep
curiga suspicious

D

dada breast; chest
daerah region, area; district
  di daerah pantai on the coast
  di daerah utara in the north
daerah terlarang restricted area
daftar list
daftar anggur wine list
daftar harga price list
daftar isian form; document
daftar makanan menu
daging meat
daging anak sapi veal
daging ayam chicken
daging babi pork
daging bebek duck
daging cincang minced meat
daging domba lamb
daging itik duck
daging kambing goat's meat
daging sapi beef
dagu chin
dahi forehead
dahulu in advance
dalam in; deep
  di dalam hati in my heart
  lebih dalam in more detail
  dalam bahasa Indonesia in
  Indonesian
  dalam bahasa Inggris in
  English
dampak impact
damprat verbal abuse
dan and

danau lake
dangdut Hindi-influenced
  dance and music
dangdut bar bar where
  dangdut is danced to
dangkal shallow
dansa dance
dapat be able; can; obtain
  dapat anda …? can you …?
dapat diuangkan kembali
  refundable
dapur kitchen
darah blood
dari; of; from; than
  dari mana? from where?
daripada instead; than; rather
  than
  daripada itu instead of
dari siapa? who's calling?
darurat emergency
dasar bottom
  di dasar … at the bottom
  of …
dasbor dashboard
dasi tie, necktie
datang arrive; come
datang bulan period
datar flat
daun leaf
dayak ethnic group in
  Kalimantan
debu dust
dekat near; nearby
  … yang paling dekat the
  nearest …
  dekat jendela by the window
  dekat sini near here
delapan eight
delapan belas eighteen

INDONESIAN ◆ ENGLISH | De

delapan puluh eighty
delko distributor
delman horse-drawn cab
demam temperature; fever
denda fine
dengan with; to; by
dengan baik properly
dengan buruk badly
dengan cepat quickly
dengan dus with shower
dengan kamar mandi with
  bathroom
dengan lambat slowly
dengan pesawat by air
dengan pos udara by airmail
dengan segera straight away
dengan siapa saya bicara?
  who's speaking?
dengkul knee
Denmark Denmark; Danish
depan next; in front of
derita suffering
dermaga jetty, quay
desa village
deskripsi description
detik second
dewa god; idol
dewasa adult
di in; on; at
dia he; she; him; her
  ... dia his ...; her ...
diam! quiet!
  diamlah! shut up!
di antara among
dia punya his; hers
diare diarrhoea
di atas on; over; above; on top
  (of)
  di atas sana up there

di atas situ up there
di bawah down; under; below;
  underneath
  di bawah sana down there
  di bawah sini down here
di belakang behind
dibungkus wrapped
dicuci cleaned
dicuri stolen
di dalam in; inside
di dasar at the bottom of
di depan in front; at the front;
  in front of; opposite
digoreng fried
diisi fill up
diizinkan allowed
dijabal mugged
dijahit sew on
dijelaskan explain
dijual for sale
  akan dijual, untuk dijual for
  sale
dik younger brother; younger
  sister; him; her; his; hers;
  you; your (pol: to much younger
  person)
  dik! waiter!, waitress! (to
  younger person)
dikeluarkan issued
dikembalikan returned
dikerjakan do
dikunci locked
dikurangi reduced
dilahirkan be born
di lantai atas upstairs
di lantai bawah downstairs
dilarang no; do not; forbidden,
  prohibited
dilarang berenang no

swimming
dilarang berhenti no stopping
dilarang bicara dengan
  pengemudi do not speak to
  the driver
dilarang kamping no camping
dilarang mandi no bathing
dilarang masuk no admittance;
  no entry; no trespassing
dilarang memasang api no fires
dilarang menangkap ikan no
  fishing
dilarang mendahului no
  overtaking
dilarang mengeluarkan anggota
  badan do not lean out of the
  window
dilarang menyelam no diving
dilarang merokok no smoking
dilarang parkir no parking
di luar outside, outdoors
di luar negeri abroad
di mana? where?
di mana-mana everywhere
di manapun juga tidak nowhere
di muka in front (of); at the
  front
dinding wall
dingin cold
dipakai engaged, occupied
dipanggang grilled
dipindahkan moved
dipresi depressed; nervous
  breakdown
dirampok robbed
di samping beside, next to
di sana there; over there
di sebelah next to
diseberang opposite; across

disel diesel fuel
disewakan: untuk disewakan for
  hire, to rent
di sini here; just here; over
  here; right here
di sini saja just here
di sini sedia bensin petrol/gas
  sold here
di sini sedia oli oil sold here
di situ there; over there; it's
  down there
di suatu tempat somewhere
disumbat jammed
di tempat lain somewhere else,
  elsewhere
di tengah in the middle of
diterima accepted; taken
ditulis written
  ditulis oleh written by
ditunda delay
diuangkan cash (verb)
diulang lagi repeat
  tolong diulang lagi please
  repeat that
dokar horse-drawn cab
dokter doctor
dokter bedah surgeon
dokter gigi dentist
dokter hewan vet
dokter spesialis specialist
dokter umum GP
dokumen document
domba sheep; lamb
dompet purse; wallet
dongkerak jack
dorong push
dua two
dua arah two-way traffic
dua belas twelve

duaganda double
dua kali twice
  dua kali lipat twice as much
dua minggu fortnight, two
  weeks
duane Customs
dua puluh twenty
dua ratus two hundred
dua ribu two thousand
duda widower
duduk sit; sit down
duit cash (noun)
dulu in advance; previously
dungu thickhead, idiot
dunia world
dus shower; box

E

ekor tail; classifier for animals
elpiji camping gas
emas gold
ember bucket
empat four
empat belas fourteen
empat puluh forty
empat ratus four hundred
empat ribu four thousand
enak lovely; nice; delicious
enak sekali excellent
enam six
enam belas sixteen
enam puluh sixty
engkau you; your (fam: to
  someone of same age or younger)
Eropa Europe; European
es ice

es krim ice cream
es loli ice lolly
etiket label

F

fajar dawn
fasilitas olahraga sporting
  facilities
film film, movie
Filipina Philippines; Filipino
film anak-anak children's film
film baru new film
film berwarna colour film
film untuk orang dewasa film
  for adults
formil formal
formulir form; document
frambos raspberry

G

gadis girl
gagah strong
gajah elephant
gaji wage; salary
galeri seni art gallery
gambar picture
gambaran description;
  drawing
gamelan percussion orchestra
ganda double
gang alley; corridor
gang buntu dead-end alley
ganggang laut seaweed
ganjil odd, peculiar; uneven
ganteng handsome
ganti change
ganti kereta api change trains

gantungan jas coathanger

gantungan kunci keyring

garam salt

garasi garage

garis line

garis hubungan phone line

garpu fork

gatal itch

gaun dress

gawat serious condition

gedung apartemen block of
flats, apartment block

gedung bersejarah historical
building

gegar concussion

geladak deck

gelang bracelet

gelang karet elastic band

gelap dark

gelar degree; title; alias

gelas glass
segelas ... a glass of ...
gelas anggur wine glass

geligi palsu dentures

gelombang wave

gemas annoyed, irritated

gembira happy, glad

gembos flat (tyre)

gempa bumi earthquake

gemuk fat

gerah boiling hot (weather)

gerbong carriage

gerbong bertempat tidur
sleeping car

gerbong restorasi restaurant
car

gerbong tidak merokok
nonsmoking compartment

gereja church

geretan lighter

gerimis dull

geser move

giatan guided tour

gigi tooth; gear

gigi mundur gears

gigi palsu dentures

gigitan bite

gigitan serangga insect bite

gila mad, crazy; ridiculous

giliran round

ginjal kidney

goblok you fool (used
affectionately)

golongan darah blood group

gondong mumps

gondrong long-haired
person

gorden curtains

goreng kentang chips, French
fries

gosong burnt

GR big-headed

gratis free of charge

grendel bolt

gua cave

gugup nervous

gula sugar

gula-gula sweets, candies

guna use, point
tida ada guna there's no
point

gunakan sebelum best before

gunting scissors

gunting kuku nail clippers

guntur thunder

gunung mountain

gunung berapi volcano

gurih rich (food)

guru teacher
gusi gum (in mouth)

H

habis over, finished; sold out
hadiah present, gift; prize
hadirin audience, those
  present
hai! hello!, hi!
haid period
hak jalan right of way
halaman page; yard
halaman kuning yellow pages
halaman rumput lawn
halilintar lightning
halus soft; fine; refined
hamil pregnant
hampir nearly, almost
  hampir sebagian besar mostly
  hampir tidak hardly ever
handuk towel
hangat warm
hangat kuku lukewarm
hangus burnt
hantu ghost
hanya just, only
  hanya satu only one
harap hope; please
harapan hope
harap tenang please be quiet
harga price; charge
harga beli buying rate
harga istimewa special price
harga jual selling rate
harga karcis fare
harga masuk admission charge
harga mati fixed price
harganya cost

harga pasti fixed price
harga tambahan extra charge
hari day
harian daily
hari ini today
hari Jumat Friday
hari Kamis Thursday
hari lahir birthday
hari libur public holiday
hari libur nasional public
  holiday
hari libur resmi public holiday
harimau tiger
hari Minggu Sunday
hari Minggu dan hari besar
  Sundays and public holidays
hari Rabu Wednesday
hari Sabtu Saturday
hari sebelumnya the day before
hari Selasa Tuesday
hari Senin Monday
harus must, have to; should
hati liver; heart (when referring to
  emotions)
hati-hati careful; caution
haus thirsty
hebat fantastic, great
helm helmet
hidangan dish
hidangan khusus speciality
hidangan utama main course
hidung nose
hidup life; alive; live; switched
  on
hidup terpisah separated
hijau green
hilang lose; disappear;
  missing
Hindia barat West Indian

hingga up to, until
hipis hippie; scruffy foreigner
hitam black; dark
hitam dan putih black and
  white
honda motorcycle
horen es krim ice-cream cone
hormat honour, respect
hujan rain; shower
  di tengah hujan in the rain
  turun hujan it's raining
hujan angin thunderstorm
hukum law
huruf letter (of the alphabet)
hutan jungle; forest

I

ia he; she; him; her
ibu mother
Ibu Mrs; madam; hers; her;
  you; your (pol: to older woman)
ibu jari thumb
ibu mertua mother-in-law
ibu tiri stepmother
ide idea
ikan fish
ikan gurita octopus
ikan hiu shark
ikan tongkol tuna
ikat type of cloth from the
  eastern islands
ikat arloji watchstrap
ikat pinggang belt
ikhlas sincere
iklim climate
ikut follow
imigrasi immigration
inai henna

India India; Indian
Indonesia Indonesia;
  Indonesian
  bahasa Indonesia Indonesian
  (language)
infeksi infection
informasi information
ingat remember
Inggris England; Britain;
  English; British
Inggris Raya United Kingdom
ingin want; wish
ini here is; here are; this;
  these; here you are
  ini ... it is ...
  apa ini ... is it ...?
inilah there you are
  inilah dia this one here
intan diamond
ipar laki-laki brother-in-law
ipar perempuan sister-in-law
iris slice
Irlandia Ireland; Irish
Irlandia Utara Northern Ireland
iseng do something for fun
isi filling (in cake, sandwich)
istana palace
isteri wife
istirahat rest
istirahat siang lunch time
istri wife
Itali Italy; Italian
itik duck
itu that; those
  apa itu ...? is that ...?
itulah that's it
  itulah dia that's him/her
izin permission

J

jadi and; so, therefore
jadwal timetable, (US) schedule
jahat nasty, evil
jajanan manis dessert
jala net
jalan street; road; way; route
  tidak jalan it won't work, it's not working
jalan buntu dead end
jalan-jalan walk; stroll; go out (in the evening)
jalan kaki walk; on foot
jalan kecil path; side street
jalan keluar kebakaran fire escape
jalan kereta api railway
jalan licin slippery surface
jalan pintas shortcut
jalan raya main road; boulevard
jalan satu arah one-way street
jalan setapak footpath
jalan tol toll road, motorway
jalur lane
jalur lambat crawler lane
jam clock; watch; hour; o'clock
jambangan bunga vase
jam berapa? what time is it?
jam buka opening times
jaminan guarantee
jam karet flexibility (literally: rubber time)
jam kunjungan visiting hours
jam sibuk rush hour
jam tangan wristwatch

jamu traditional medicine
jamur mushrooms
janda widow
jangan no; not; do not
  jangan ... please don't ...
  jangan! don't!, don't do that!; keep still!
  jangan mau ... you shouldn't ...
jangan diganggu do not disturb
janganlah! stop it!
jangkar anchor
janji appointment
jantung heart
  serangan jantung heart attack
jarak distance
jarang rare; hardly ever; rarely
jari finger
jari-jari spoke
jari kaki toe
jarum needle
jarum pentol pin
jas jacket; coat
jas hujan raincoat
jas kamar dressing gown
jati teak
jatuh fall; collapse
jauh far, far away
  lebih jauh further
Jawa Java; Javanese
  orang Jawa Javanese person
jawaban answer
jejaka bachelor
jelas clear, obvious
jelek awful; ugly
jelek sekali rubbish; terrible
jeli rambut hair gel
jembatan bridge (over river)
jendela window

jenggot beard
jenis kind, type
jenis kelamin sex (gender)
jepitan untuk menjemur clothes
  peg
Jerman German
jeruk citrus fruit
jeruk gripfrut grapefruit
jeruk manis orange
jeruk nipis lime
jin gin; jeans
jingga orange (colour)
jins jeans
jin-tonik gin and tonic
jiwa soul, spirit
Jl street; road
jodoh partner; fiancé, fiancée
jual murah special offer
judul title
juga too, also, as well
  saya juga me too
  juga tidak nor
Juli July
Jumat Besar Good Friday
jumlah amount; total
Juni June
jurang ravine
juru potret photographer
justru! exactly!

K

kabar: apa kabar? how do you
  do?; how are you?
  bagaimana kabarnya? how are
  things?; what's happening?
kabel wire; lead
kabel penyambung aki mobil
  jump leads

kabel sambungan extension
  lead
kabel sekering fuse wire
kabut mist; fog
kaca depan windscreen,
  windshield
kacamata glasses, eyeglasses
kacamata hitam sunglasses
kacamata selam goggles
kacang nuts; peanuts
kaca pembidik viewfinder
kaca spion rearview mirror
kadal lizard
kadang-kadang sometimes
kain cloth, fabric
kak! waitress! (to older woman, but
  in similar age bracket)
Kakak you; your (pol: to older
  woman, but in similar age bracket)
kakao cocoa
kakek grandfather
kaki leg; foot
kaki lima pavement, sidewalk
kala jengking scorpion
kalau if
  kalau pun even if
kalau tidak otherwise
kalem calm; be calm
kaleng tin, can
kaleng bensin petrol/gas can
kali time, occasion
  kali ini this time
  kali yang berikut next time
  kali yang terakhir last time
kalian you (pl)
Kalimantan Indonesian
  Borneo
kalkun turkey
kalung necklace

kamar room
kamar dengan dua tempat tidur twin room
kamar hotel hotel room
kamar kosong vacancy
kamar makan dining room
kamar mandi bathroom, wash room
kamar mandi sendiri private bathroom
kamar mantel cloakroom
kamar pas fitting room
kamar periksa consulting room
kamar tidur bedroom
kamar untuk dua orang double room
kamar untuk satu orang single room
kambing goat
kamboja frangipani tree
Kamboja Cambodia; Cambodian
kami we; us (excluding those addressed)
... kami our ...
itu punya kami that's ours
kamping campsite
kampung village
kampung nelayan fishing village
kamu you; your (fam: to someone of same age)
kamus dictionary
Kanada Canada; Canadian
kanan right
belok kanan turn right
di kanan on the right (of)
di sebelah kanan on the right
kancing button

kandung kencing bladder
kano canoe
kantong bag
kantong belanjaan shopping bag
kantong plastik plastic bag
kantong teh teabags
kantor office
kantor parawisata tourist information office
kantor polisi police station
kantor pos post office
kantor pos pusat main post office
kantor telepon telephone office
kantung tidur sleeping bag
kaos T-shirt
kapak axe
kapal boat; ship
kapal layar sailing boat
kapal penumpang passenger boat
kapal pesiar yacht
kapal terbang plane, airplane
kapal uap steamer
kapal wisata excursion boat
kapan? when?
kapas cotton wool, absorbent cotton
kap mesin bonnet, (US) hood
kapten captain
karang coral
karantina quarantine
karcis ticket
karcis kelas dua second-class ticket
karcis kelas satu first-class ticket
karcis pulang pergi return

ticket, round-trip ticket
karcis untuk sekali jalan single ticket, one-way ticket
karena because, because of; as, since
karet rubber
karet gelang rubber band
karet penghapus eraser
karton cardboard
kartu business card
kartu cek cheque card
kartu kredit credit card
kartu naik pesawat boarding pass
kartu nama business card
kartu permainan playing cards
kartu pos postcard
kartu telepon phonecard
kartu ulang tahun birthday card
kasa cash desk; cashier
kasar rude; coarse
kaset cassette, tape
kaset dek cassette recorder
kasir cash desk; bureau de change; cashier
kasur mattress
kata word
katun cotton
katup valve
kau you (fam: to someone of same age or younger; short for engkau)
kaum muda young people
kaus T-shirt
kaus kaki sock; stocking
kawan friend
kawat telegram
kawin married (woman)
apa anda sudah kawin? are you married?

belum kawin single, unmarried
kaya rich
kayu wood (material)
ke to; into; for; towards
keadaan berantakan mess
ke atas up; go up
kebakaran fire
kebangsaan nationality
kebanyakan most
kebarat-baratan in the west
ke bawah down; go down
keberangkatan departure
kebetulan by chance
kebiasaan custom; habit
kebun binatang zoo
kebun garden; plantation; estate
kebun teh tea plantation
kecap soy sauce
kecelakaan accident
kecepatan speed
kecewa disappointed
kecil small; tiny
kecoa cockroach
kecuali except
kecuali hari Minggu Sundays excepted
kedatangan arrival
kedelapan eighth
kedua second
keduanya both
kedutaan besar embassy
keempat fourth
keenam sixth
kegiatan travel
kehargaan value
keheningan silence
kejang jantung angina

keju cheese
kejutan surprise; shock
ke kereta api to the trains
kekhawatiran worry
kekuatan perlindungan protection factor
kelab club
kelab malam nightclub
kelambatan delay
kelambu mosquito net
kelapa coconut
kelas class
kelas dua second class
kelas ekonomi economy class
kelas satu first class
keledai donkey
kelengar matahari sunstroke; have sunstroke
kelima fifth
kelinci rabbit
kelompok group
keluar go out; way out, exit
  keluar! get out!
  dia keluar he/she is out
keluarga family; relatives
keluhan complaint
kemacetan lalu-lintas traffic jam
ke mana? where to?
kemarin yesterday
kemarin dulu the day before yesterday
kemarin pagi yesterday morning
kematian death
kembali you're welcome, don't mention it; come back, return; get back
kembang api fireworks

kembar twins
kemeja shirt
kemenakan nephew; niece
kemewahan luxury
kempes flat (tyre)
kemudian then
kemungkinan: ada kemungkinan saya ... I might ...
kenal know
kenang-kenangan souvenir
kenapa? why?
kendaraan vehicle
kendaraan umum public transport
kendi jar; jug
kenop mains switch
kentang potato
kenyang full; satisfied
  sudah kenyang? have you had enough to eat?
kepada to; towards
kepala head
kepala gigi crown
kepala susu cream
keperluan kantor office supplies
kepiting crab
kepulauan archipelago
kepunyaan sediri one's own
kera monkey
kerabat relatives
keracunan makanan food poisoning
kerah collar
kerajinan crafts
keramah-tamahan hospitality
keran tap, faucet
kerang shell; shellfish; mussels
keranjang basket

keranjang bayi carry-cot
keras strong; loud; hard
kereta carriage
kereta anak pram; pushchair
kereta api train
kereta api bertempat tidur
  sleeper, sleeping car
kereta dorong untuk barang
  luggage trolley
kereta makan dining car
keretek horse-drawn cab
kering dry
keringat sweat
keripik crisps, (US) chips
keriting curly
kerongkongan throat
kertas paper
kertas pembungkus wrapping
  paper
kertas tisu tissues, Kleenex®
kertas tulis, kertas untuk surat
  writing paper
kertas w.c. toilet paper
kerusakan breakdown
kesalahan error
kesasar lost
kesatu first
kesehatan health
kesembilan ninth
kesepuluh tenth
kesiangan oversleep
kesulitan difficulty
kesusahan trouble
ketam crab
ketat tight
ketibaan arrival
ketiga third
ketimun cucumber
ketinggalan miss (train etc)

ketinggian height
ketujuh seventh
keuntungan luck
khas typical
khawatir worried
khawatir tentang worry about
khusus typical
kidal left-handed
kikir kuku nailfile
kilat flash; express mail (within
  Indonesia)
kilat khusus express delivery
kilometer tidak berbatas
  unlimited mileage
kios kiosk
kios koran newspaper kiosk
kios telepon phone box
kipas fan
kipas angin listrik fan (electrical)
kipas angin tangan fan (hand-
  held)
kipas kaca windscreen/
  windshield wiper
kira think
  saya kira begitu I think so
kira-kira about, roughly,
  approximately
kiri left
  belok kiri turn left
  di kiri on the left (of)
  di sebelah kiri on the left
  ke sebelah kiri to the left
kirim fax send a fax
kita we; us; our (including those
  addressed)
  ... kita our ...
  itu punya kita that's ours
klakson horn (of car)
klinik clinic, surgery

klinik bersalin maternity clinic
knalpot exhaust pipe
kode daerah area code
kode pos postcode, zip code
kode telepon dialling code
koki cook
kol cabbage
kolam pond
kolam renang swimming pool
kolam renang anak-anak
 children's pool
kolam renang tertutup indoor
 pool
koleksi collection
koma point
 dua koma lima two point five
kompor cooker
kongres conference
konperensi conference
konser concert
konsulat consulate
kontak ignition; points
kontan cash payment
kontra against
kopi coffee
kopiah Indonesian hat
kopi neskafe® instant coffee
kopi tidak berkafein
 decaffeinated coffee
kopling clutch
kopor bag; suitcase
koran newspaper
korek api box of matches;
 match
 ada korek api? do you have a
 light?
kosong empty; vacant
kota city; town
 di kota in town

kotak box
kotak gigi, kotak persneling
 gearbox
kotak pos P.O. box
kotak PPPK first-aid kit
kotak sekering fuse box
kotak surat letterbox, mailbox
kotak telepon phone box
kota lama old part of town
kotor dirty
kotoran dirt
kotrek corkscrew
kram cramp
krem, krim cream
kretek clove cigarette
Kristen Christian
ku I; me; mine (short for aku)
kuah sauce; salad dressing;
 gravy
kuali frying pan
kuas cat paintbrush
kuat strong
kuburan cemetery
kucing cat
kuda horse
kue, kue kik cake
kue pastel pie
kue tar tart
kuku fingernail
kulit skin; leather; suede
kulkas fridge
kumis moustache
kunci key; lock
kunci Inggris spanner
kunci kura-kura padlock
kunci tertinggal lock out
kuning yellow
kunjungan visit
kuno old; ancient; antique

kupu-kupu butterfly
kura-kura turtle
kurang less
  kurang! it's not enough!
kurang ajar slobbish, rude
kurang bagus poor-quality
kurang dari under, less than
kurang masak, kurang matang
  underdone, not cooked
kurma dates
kurs exchange rate
kursi chair
kursi bayi highchair
kursi dek deckchair
kursi dekat gang aisle seat
kursi dekat jendela window seat
kursi roda wheelchair
kurs resmi official exchange
  rate
kurs uang exchange rate
kursus bahasa language
  course
kurus skinny
kutu flea; louse
kwitansi receipt

L

laba-laba spider
laci drawer
lacur immoral
lada hitam pepper (spice)
ladang plantation; non-
  irrigated field
lagi now; more; again; in
  addition; left; remaining
  tidak ada lagi there's none
  left
lagu song

lahir be born
lain other; others; another
lain kali in future
laki-laki man; men
lakukan do
lalap side salad
lalat fly
lalu ago; then; pass by
  minggu yang lalu last week;
  a week ago
  satu jam yang lalu an hour
  ago
lalu-lintas traffic lights
lama old; a long time
lambat slow
lampau: di masa lampau in the
  past
lampu light; lamp
lampu belakang rear lights
lampu besar headlights
lampu lalu-lintas traffic lights
lampu samping sidelights
lancar fluent
langit sky
langit-langit ceiling
langsing slim
langsung direct; straight away
lantai floor
  di atas lantai on the floor
lantai atas top floor; upper
  floor
  di lantai atas upstairs
lantai bawah lower floor
  di lantai bawah downstairs
lantai bawah tanah basement
lantai dasar ground floor, (US)
  first floor
lantai dua second floor, (US)
  third floor

lantai satu first floor, (US) second floor
lanyah muddy
lap tea towel; cloth
lap piring dishcloth
lapangan field; square
lapangan golf golf course
lapangan pacuan kuda race course
lapangan sepakbola football pitch
lapangan tenis tennis court
lapangan terbang airfield; small airport
lapar hungry; starving
lari run
larutan perendam (lensa kontak) soaking solution
laut sea
  di pantai laut by the seaside
  di tepi laut by the sea
Laut Cina Selatan South China Sea
Laut Jawa Java Sea
lawan against; opposite
layak reasonable
layang-layang kite
layar sail; shutter (on camera)
lebah bee
Lebaran fasting month
lebih more; greater than
  lebih banyak a lot more
  lebih besar a lot bigger
  lebih dari ... more than ...
lebih baik better
lebih buruk worse
lebih jauh further
lebih kecil smaller
lebih pendek shorter

lebih suka prefer
lebih tinggi taller
lecet scratch; bruise
leher neck
lekas early; soon
lelah tired
lelucon joke
lem glue
lemah weak
lemak fat; grease
lemari cupboard
lemari es fridge; freezer
lembab humid; damp
lembah valley
lengan arm
lengan baju sleeve
lensa lens
lensa keras hard lenses
lensa kontak contact lenses
lensa kontak g.p. gas-permeable lenses
lensa kontak lunak soft lenses
lepuh blister
les ski air water-skiing lessons
lewat through; via; just off, near; past; after; just past
  lewat jalan ini this way
  lewat jalan itu that way
lewat udara by air
lezat savoury; delicious
liar wild
liburan holiday, vacation
  liburan musim panas summer holidays/vacation
licin slippery
lidah tongue
lift lift, elevator
likeur, likir liqueur
lilin candle

lima five
lima belas fifteen
lima puluh fifty
lima ratus five hundred
lima ribu five thousand
limau lemon
limun lemonade
lipan centipede
lisensi licence
listrik electricity; electric
LK man
lobang hole
logam metal
logat accent, dialect
lokal local; domestic
loket ticket window, ticket
  kiosk; box office
loket karcis ticket office
lomba race (for runners, cars etc)
lombok chilli pepper
lonceng bell; clock
londo Westerner
lorong path
losion kulit kering aftersun
  cream
losion untuk berjemur diri
  suntan lotion
losmen accommodation;
  budget hotel
losmen pemuda youth hostel
luar out
  di luar outside, in the open
  air
  di luar kota just out of town
luar biasa amazing, brilliant;
  impressive; extraordinary
luar kota countryside
luar negeri abroad
luas wide

lubang hole
lucu funny, amusing
luka cut; wound
luka bakar burn
lukisan drawing; painting
lumayan mild; so-so, average
lumpur mud
lupa forget
lurus ke depan straight ahead
lusa the day after tomorrow
lusin dozen

M

maaf excuse me; sorry
  maaf? pardon?, pardon me?
  maaf! permisi! excuse me!
maaf, jangan sentuh please do
  not touch
mabuk drunk
mabuk laut seasick;
  seasickness
macam type, kind
macet stuck
madu honey
magang overripe
mahal expensive
mahasiswa student
mahir skilled
mainan toy
majalah magazine
majikan boss
maju go forward; thrive;
  progressive
mak mother
makam grave, burial plot
makan eat
makanan food; meal
makanan bayi baby food

makanan beku frozen food
makanan kecil snack
makanan laut seafood
makanan pembuka starter,
  appetizer
makanan ringan snacks
makanan siang kotak packed
  lunch
makan malam evening meal,
  dinner; supper; have dinner;
  have supper
makan pagi breakfast
makan siang lunch
maki-maki bad language
makin increasingly
makmur prosperous
makna meaning
maksud purpose, aim,
  intention
malam evening; night; p.m.
  pada malam in the evening
malam ini tonight; this evening
Malam Natal Christmas Eve
Malam Tahun Baru New Year's
  Eve
malangnya unfortunately
malas lazy
maling thief
malu ashamed; shy
mampir drop by
mampu capable
mana which
  (di) mana? where?
  dari mana? where from?
  ke mana? where to?
manajemen management
mancing fishing
mancung sharp; pointed
mandi bath; wash

manfaat benefit
mangambil collect, pick up
mangkok bowl; dish
manis sweet
manja spoilt
mantan former
mantel overcoat
manusia humanity
marah angry
Maret March
marilah! let's go!
markas police station; military
  station; office
mas gold
mas! waiter! (to older man, but in
  similar age bracket in Java)
Mas you; your (pol: to older man,
  but in similar age bracket in Java)
masa period (of time)
masa depan future
masa haid period (menstruation)
masakan cooking, cuisine
masalah problem
masa laku period of validity
masa lalu in the past
masam sour
masa sekarang nowadays
masa tunas incubation period
masih still
masih mentah underdone, not
  cooked
masih terlihat in the distance
masin salty
masing-masing each, every
masuk go in; come in;
  entrance, way in; in
  masuk! come in!
masuk angin cold (illness)
masuk dari pintu depan/

belakang entry at the front/
rear

masuk gratis admission free

masyarakat society

mata eye

matahari sun
di bawah matahari in the sun

matahari terbenam sunset

matang ripe; cooked

matang betul well-done

mata uang asing foreign
exchange

mati dead; off (lights etc)

mau want
saya mau I'd like, I want
saya mau ...? could I have ...?
mau ke mana? where are you
going?

Maulid Rasul birthday of
Prophet Muhammad

maut death

mawar rose

mbak! waitress! (to older woman,
but in similar age bracket in Java)

Mbak you; your (pol: to older
woman, but in similar age bracket in
Java)

mebel furniture

medan square

Mei May

meja table

meja penerangan information
desk

meja penerima tamu reception
desk

melakukan do

melambung overtake

melanggar knock over; bump
into; knock down; against

melanggar hukkum against the
law

melati jasmine

melayani serve

Melayu Malay
bahasa Melayu Malay
(language)

melebih-lebihkan exaggerate

meledak explode

melempar throw

meletakkan put

melewati beyond; go through

melihat see; look (at)

melompat jump

melukis paint

melupakan leave behind,
forget

memadamkan switch off

memakai use (verb)

memalukan embarrassing

memang absolutely

memanggil call

memasak cook (verb)

mematahkan break

mematikan switch off

membaca read

membagi share

membakar bake; burn; grill

membangunkan wake, wake up

membantu help

membatalkan cancel

membawa take; bring; carry;
take away; lead

membawa pergi to take away,
(US) to go

membayar pay

membayar kembali refund (verb)

membelanjakan spend

membeli buy

memberi give
membersihkan clean
membiarkan let, allow
membocorkan leak
membosankan boring
membuang throw away
membuat make
membuka open; unlock
membuka kopor unpack
membungkus wrap
membunuh kill
memecahkan break
memegang hold
memeriksa check
memerintah order (someone to do something)
memesan order (food, drink etc)
memesan tempat reserve
memfoto photograph (verb)
memilih choose
memindahkan move
meminjam borrow
meminjamkan lend
memotong cut
memotret photograph (verb)
memperbaiki improve; repair, mend
memperkenalkan introduce
memperlihatkan show
memposkan post, mail
memuakkan disgusting
memukul hit
memulai start
memutar dial; turn round
memutuskan decide
menabrak knock over
menahan arrest
menandatangani sign
menang win

menangis cry
menangkap catch
menantu laki-laki son-in-law
menantu perempuan daughter-in-law
menara tower
menari dance
menarik pull; interesting; attractive; exciting
menasihati advise
menawarkan offer
mencari search; look for
mencat paint
mencintai love
mencium kiss; smell
mencoba try; try on; taste
mencuci wash; develop
mencuci pakaian do the washing
mencuci piring do the washing-up
mencuri steal
mendahului overtake
mendaki climbing
mendapat earn; receive
mendapatkan get, fetch
mendarat land (verb)
mendengar hear
mendengarkan listen (to)
mendesak urgent
mendesis orange juice; fizzy orange
mendidih boil (of water)
mendidihkan boil (water etc)
mendorong push
menelan swallow
menelepon call, phone
menelepon kembali ring back, call back

menemukan, menemukannya
find

menentang against

menerangkan explain

menerima take, accept;
receive

mengadu complain; complaint

mengajar teach

mengamati watch

mengambil take

menganggur be unemployed

mengangkat lift

mengantarakan take;
accompany

mengapa? why?
mengapa tidak? why not?

mengarah lead

mengasyikkan exciting

mengatakan say

mengecewakan disappointing

mengejutkan shocking

mengeluh complain

mengembalikan give back

mengemudi drive

mengemudi sedang mabuk
drunken driving

mengenai about, concerning

mengenal recognize

mengenalkan introduce

mengepak pack

mengerikan horrible, awful

mengeringkan dry

mengerti understand
saya mengerti I see, I
understand

mengetahui find out

mengetok knock

menggairahkan exciting

mengganggu disturb

menggoreng fry

menggrendel bolt

mengharapkan expect

mengherankan amazing,
astonishing, surprising

menghidupkan switch on

menghina insult

menghubungi contact

menginap spend the night;
stay

mengirim send; mail

mengisi fill; fill in

mengisikan fill in

mengizinkan allow

mengkonfirmasikan confirm

mengorok snore

mengucapkan pronounce

mengulang repeat

mengumpulkan collect

mengunci lock

mengundang invite

mengunjungi visit

menguruskan fix, arrange

menikah get married; married
apa anda sudah menikah? are
you married?

meninggal die; dead

meninggalkan leave

menit minute

menjadi become

menjaga watch; look after,
take care of

menjahit sew

menjatuhkan drop

menjawab answer

menjemput pick up

menjengkelkan annoying

menjijikkan disgusting

menjual sell

menolak refuse
menolong help
menonton watch
mentah raw
mentega butter
menterjemahkan interpret; translate
menuduh accuse
menuju towards
menukar cash; change
menular infectious
menulis write
menumpang lift (in car)
menunggu wait
menunjukkan show (verb)
menuntut demand; insist
menutup shut, close
menyakitkan painful
menyakitkan hati offend; offensive
menyala on
menyalakan light; switch on
menyangka guess
menyanyi sing
menyebabkan busuk septic
menyeberang cross (verb)
menyebutkan mention
menyediakan prepare
menyelam dive
menyelenggarakan organize
menyelesaikan finish
menyembunyikan hide
menyenangkan pleasant
menyengat sting
menyertai accompany
menyesal: saya menyesal I'm sorry
menyeterika iron

menyewa rent
menyewakan hire, rent
menyimpan keep, save
menyusahkan inconvenient
menyusui breastfeed
meraba touch
merah red
merah muda pink
merangsang sexy
merasa feel
merek make
mereka they; them; their
mereka punya theirs
merekomendasikan recommend
merem brake (verb)
merentang stretch
merica pepper (spice)
merokok smoke; smoking
   apa anda merokok? do you smoke?
mertua in-laws
meruap orange juice; fizzy orange
merusak damage
mesin machine; engine
mesin cuci washing machine
mesin penghisap debu vacuum cleaner
mesin tik typewriter
mesjid mosque
mesti must
mewah luxurious, upmarket; posh
mi noodles
mikrolet small minibus
mil mile
milik property
mimpi dream

mimpi buruk nightmare
minggu week
minta ask
  minta ... sedikit a bit of ...
  boleh saya minta ...? can I
  have ...?
minta maaf apologize
minta tolong ask for help
minum drink (verb)
minuman drink (noun)
minuman keras spirits
minuman yang meruap fizzy
minyak oil
minyak harum perfume
minyak kelonyo eau de toilette
minyak wangi perfume
miskin poor
mitos myth
mobil car
mobil barang van
mobil persneling biasa manual,
  with manual gears
mobil persneling otomatis
  automatic
mobil sewa rented car
modal capital (financial)
mode fashion
moderen modern; fashionable
mogok break down; go on
  strike
molek pretty
Monas National Monument
montir mechanic
montir mobil mechanic
monyet monkey
mostar mustard
motor bebek moped
mual ill, sick; nausea
Muang Thai Thailand

muda young; light (colour)
mudah easy
mudah-mudahan hopefully
muka face
mulai begin, start
mulainya start
mulut mouth
mungkin possible; probably;
  possibly, perhaps
  secepat mungkin as soon as
  possible
  mungkin saja I might
  mungkin saya tidak I might
  not
  mungkin tidak perhaps not
muntah vomit
mur nut (for bolt)
murah inexpensive
murus diarrhoea
musibah disaster
musik adat traditional music
musik rakyat folk music
musim season
musim dingin winter
musim gugur autumn, (US) fall
musim hujan rainy season
musim kemarau dry season
musim panas summer
musim semi spring
musolla prayer room
mustahil out of the question
musuh enemy
musyawarah meeting;
  deliberation
mutakhir the latest; up-to-date
mutiara pearl
mutu quality; pearl

N

nabi prophet
nada note; tone; intonation
nafsu makan appetite
naga dragon
naik get in; get on
naik di sini get on board here,
enter here
naik gunung mountaineering
naik ke atas go up
naik kereta api board the train;
by rail
naik kuda horse riding
naik mobil by car
naik pesawat terbang by air; fly
in; fly out
naik selancar angin
sailboarding
naik sepeda cycling
nakal naughty
naluri instinct
nama name
nama dia he/she is called
siapa nama anda? what's
your name?
nama depan first name
nama keluarga surname
namanya called
nama panggilan nickname
nama sebelum menikah maiden
name
nampak evident, visible
nanas pineapple
nangka jackfruit
nanti later; later on
nanti sore this afternoon
narkotika drugs, narcotics
nasi cooked rice

nasib fate
nasi goreng fried rice
nasihat advice
nasional national
naskah manuscript
Natal Christmas
negara state (country)
negara Jerman Germany
negeri country; land
di negeri at home, in my
country
Negeri Belanda the
Netherlands
nekat determined
nenek grandmother
nenek moyang ancestor
ngantuk sleepy
nilai value
Nn Miss
noda stain
nol zero
nomor number
nomor pelat registration
number
nomor penerbangan flight
number
nomor telepon phone
number
Nona Miss
Norwegia Norway; Norwegian
Nugini New Guinea
numpang hitchhike;
hitchhiking
Ny Mrs
nya: ...-nya his; her
nyala on, switched on
nyaman peaceful; lovely; nice;
comfortable
nyamuk mosquito

Nyepi Balinese New Year's Day

Nyonya Mrs; you; your; her; hers

O

obat medicine; drug
obat batuk cough medicine
obat bius drugs, narcotics
obat cuci perut laxative
obat disinfeksi disinfectant
obat gosok anti nyamuk mosquito repellent
obat kelantang bleach
obat kerongkongan throat pastilles
obat luar for external use only
obat merah Mercurochrome®, antiseptic similar to iodine
obat nyamuk mosquito coil
obat oles ointment
obat pembersih dandanan mata eye make-up remover
obat pembersih kulit cleansing lotion
obat pembunuh kuman disinfectant
obat pemutih bleach
obat pengusir serangga insect repellent
obat penolak nyamuk mosquito repellent
obat penolak serangga insect repellent
obeng screwdriver
obral sale
ojek motorcycle taxi
OKB nouveau riche

olahraga sport
olahraga air water sports
olahraga selam skin diving
oleh by
oleh-oleh souvenir
oli oil
oli untuk berjemur diri suntan oil
ombak besar big waves
omong-kosong! rubbish!
ondel-ondel giant puppets seen in festival parades
ongkos charge, fee
ongkos pelayanan service charge
ongkos perjalanan fare
operasi operation
oplet small minibus
orang one; person; people
orang Afrika selatan South African
orang Amerika American
orang asing foreigner
orang Australia Australian
orang banyak crowd
orang barat Westerner
orang Belanda Dutch person
orang Budha Buddhist
orang Cina Chinese person
orang dungu idiot
orang Indonesia Indonesian
orang Inggris English person
orang Irlandia Irish person
orang Islam Muslim
orang Jawa Javanese person
orang Kanada Canadian
orang lain another
orang Melayu Malay
orang mertua parents-in-law

orang-orang people
orang pensiunan pensioner
orang sinting nutter, weirdo
orang Skotlandia Scot
orang tua parent; senior citizen
orang Wales Welshman; Welsh woman
orang Selandia Baru New Zealander
orkes orchestra; group
otomatis automatic
otot muscle
oven oven

P

P3K first aid
pabrik factory
pacar boyfriend; girlfriend
pada on; at; in; by; to
  pada hari Kamis by Thursday
  pada malam hari at night
  pada sore in the afternoon
padam off, switched off
Padang West Sumatran food
padi rice (in field), paddy
pagar fence
pagi morning; a.m.
  pagi hari in the morning
  pagi ini this morning (now)
  pagi tadi this morning (past)
pagi-pagi early in the morning
paha thigh
pahit bitter
pahlawan hero
pak dad; packet
  pak! waiter! (to older man in Java)

Pak him; his; sir; Mr; you; your (pol: to older man; short for Bapak)
pakai wear; use; pay; with, in (food)
  pakai es with ice, on the rocks
  mau pakai cabe? do you want chilli?
pakaian clothes
pakaian biasa informal
pakaian dalam underwear
pakaian formil formal dress
pakaian lari tracksuit
pakaian malam nightdress
pakaian pria menswear
pakaian renang swimming costume; trunks
pakaian resmi formal dress
pakaian wanita ladies' wear
paket parcel; package
paket lawatan package holiday
paku nail (metal)
paling most; the most
paling buruk worst
paling sedikit at least
palsu false
palu hammer
paman uncle
pameran exhibition
pameran lukisan, pameran seni art exhibition
panas heat; hot
panci pan; pots and pans
pandai clever; brilliant
panel instrumen dashboard
pangeran prince
panggil wake; call
pangillah call

pangkalan taksi taxi rank
pangkas rambut barber's
panjang length; long
panjat gunung rock climbing
pantai beach; coast; shore
  di daerah pantai on the coast
  di tepi pantai on the beach
pantai umum public beach
pantat bottom (of person)
papan lompat diving board
paprika pepper, capsicum
parah serious; nasty; serious
  condition
parawisata tourist
pariwisata tourism
parkir park
paru-paru lungs
pas fit; pass (in mountains)
pasak peg
pasang pair; tide
pasangan partner; couple (two
  people)
pasar market
pasar malam night market
pasar seni art market
pasir sand
pasir putih white sand
Paskah Easter
paspor passport
  tolong paspornya your
  passport, please
pasta gigi toothpaste
pasti sure; definitely
pastiles throat pastilles
pasukan pemadam kebakaran
  fire brigade
patah broken
patung figurine; statue
payung umbrella; sunshade

pecah broken
pecah-belah crockery
pedagang kaki lima roving
  street vendor
pedagang sayur-sayuran
  greengrocer's
pedalaman countryside
pedal gas accelerator
pedas hot, spicy
pegangan handle
pegunungan mountains
  di daerah pegunungan in the
  mountains
pejalan kaki pedestrian
pejalan kaki jalan sebelah kiri
  pedestrians keep to the left
peka sensitive
pekan raya fair, funfair
pekerjaan work, job
pelabuhan harbour, port
pelabuhan tua old port
pelajaran lesson
pelampung buoy
pelana saddle (for horse)
pelangi rainbow
pelan-pelan! slow down!
pelat nomor number plate
pelayan waiter; waitress
pelayanan service
pelayanan 24 jam 24-hour
  service
pelayanan kamar room service
pelayanan kerusakan mobil
  breakdown service
pelayan bar barman; barmaid
pelayan kamar chambermaid
pelayan wanita waitress; maid
pelayaran cruise; voyage
pelembab moisturizer

pelembut rambut conditioner
pelit stingy
PELNI state shipping company
pemabuk alcoholic
pemadam api fire extinguisher
pemadam kebakaran fire
  brigade/department
pemain musik musician
pemakaman funeral
pemanasan heating
pemandangan view; scenery
pemandu guide (person)
pemangkas rambut barber's
pemantik api cigarette lighter
pembalut bandage; dressing
pembalut wanita sanitary
  towel/napkin
pembatasan border (of country)
pembedahan operation
pembersih kulit skin cleanser
pembesaran enlargement
pembuka botol bottle-opener
pembuka kaleng tin-opener
pemeriksaan bea cukai
  Customs control
pemerintah government
pemesanan tempat reservation
pemilik owner
pemula beginner
pena pen
penanggalan calendar
penata rambut hairdresser
penatu dry cleaner's
penatuan laundry (place)
penawar sakit painkiller
pencak silat Malay martial art
  form
pencopet pickpocket
pencuri thief

pencurian theft; burglary
pendek short
pendeta priest
penduduk population
penerangan light; information;
  enquiries
penerangan telepon directory
  enquiries
penerbang pilot
penerbangan flight
penerbangan bersambung
  connecting flight
penerbangan biasa scheduled
  flight
penerbangan carter charter
  flight
penerbangan dalam negeri
  domestic flight
penerbangan domestik
  domestic flight
penerbangan internasional
  international flight
penerbangan langsung direct
  flight
penerbangan lanjutan
  connecting flight
penerimaan tamu reception
  di penerimaan tamu at
  reception
penerima tamu receptionist
penerjemah translator;
  interpreter
pengacara lawyer
pengaduan complaint
pengaduan barang hilang lost
  property office
pengalihan diversion, detour
pengambilan withdrawals
pengambilan barang baggage

claim
pengambilan obat prescription
pengangkat lever
pengantar perjalanan keliling tour guide
pengawal renang lifeguard
pengemudi driver
pengendara sepeda cyclist
pengering rambut hairdryer
penggemar sports fan
penginapan accommodation; small budget hotel
pengirim sender
pengiriman delivery
pengukur cahaya light meter
pengukur kecepatan speedometer
pening feverish
peninggalan remains
peniti pin; safety pin
peniti cantel safety pin
penjaga caretaker
penjaga anak child minder
penjaga bayi baby-sitter
penjaga pantai lifeguard
penjaga pintu doorman
penjahit tailor
penjara prison
penjepit rambut hairgrips
pensil pencil
pensil alis mata eyebrow pencil
pensil kelir berwarna felt-tip pen
pensil mata eyeliner
penting important; urgent
penuh full; no vacancies
penumpang passenger
penunjuk arah indicator
penutup lid

penutup jendela shutter (on window)
penyakit illness; disease
penyakit bronkhitis bronchitis
penyakit kelamin VD
penyanyi singer
Penyatuan Eropa EU
penyeberangan crossing
penyetoran deposits
per pear; per
perahu boat
perahu dayung rowing boat
perahu layar sailing boat
perahu motor motorboat
perahu tiup dinghy
perahu untuk disewakan boats for hire/to rent
perak silver
Perancis France; French
perancung pensil pencil sharpener
perang war
perangko stamp
perasaan feeling
perawat nurse
perbaikan jalan roadworks
perban bandage
perbatasan border
perbayaran kembali refund
perbedaan difference
percakapan dalam kota local call
percakapan internasional international call
percakapan jarak jauh long-distance call
percaya believe
perdana mentri prime minister
perekam video video recorder

perempuan woman
peresap goncangan shock-
  absorber
pergelangan kaki ankle
pergelangan tangan wrist
pergi go; go away
pergi belanja go shopping
pergi joging go jogging
pergilah! get lost!
pergi tidur go to bed
perguruan tinggi college
perhatian! caution!; attention!
perhentian stop
perhentian bis bus stop
perhiasan jewellery
periksa check
perjalanan trip, excursion;
  walk; journey
perjalanan bis coach trip
perjalanan bisnis business trip
perjalanan hari day trip
perjalanan keliling sightseeing
  tour
perjanjian deal
perkawinan wedding
perkebunan teh tea plantation
perkelahian fight
perkosaan rape
perlahan-lahan slow
perlombaan race (for runners, cars
  etc)
perlu need; necessary
  saya perlu I need
permadani rug
permainan game
permanen perm
permen sweets, candies;
  peppermints
permen karet chewing gum

permintaan maaf apology
permisi excuse me
permulaan start, beginning
pernah once; ever
  pernah anda ...? have you
  ever ...?
pernikahan wedding
peron platform, (US) track
perop botol cork
perpustakaan library
persen per cent
persenan tip
persik peach
persimpangan junction
persimpangan berbahaya
  dangerous junction
persimpangan jalan crossroads,
  intersection
persinggahan stopover
persis! exactly!
persneling gear; gearbox
pertama first; firstly
  pada pertama at first
Pertamina state-owned oil
  company and petrol station
pertandingan match, game
pertandingan sepakbola
  football match
pertanian farm
pertanyaan question
pertemuan meeting;
  conference
pertolongan help
pertolongan pertama first aid
pertunjukan show;
  performance
pertunjukan adat traditional
  performance
pertunjukan musik musical

performance
perusahaan company,
  business
perusahaan penerbangan
  airline
perut stomach
perwakilan agency
pesan ask; reservation; order;
  message
pesawat extension
pesawat terbang plane,
  airplane
  naik pesawat terbang by
  plane
pesisir coast
pesta party; carnival
pesuruh courier
peta map
peta jalan streetmap
peta jaringan kereta api
  network map
petani farmer
peti box
petir thunder
petugas malam night porter
pici Indonesian hat
pikir think
pil pill; tablet
pil k.b. contraceptive pill
pil tidur sleeping pill
pimpinan management
pindah move
pinggir edge
pinggiran kota suburb
pinggul hip
pingsan faint (verb)
pinjam borrow
pintar clever
pintu door; gate

pintu darurat emergency exit
pintu embarkasi gate
pintu keluar exit
pintu masuk entrance
pipa pipe
pipa air waterpipe
pipi cheek
piring plate; dish
piring cangkir saucer
pisang banana
pisau knife
pisau cukur razor
pisau lipat penknife
pita mengukur tape measure
pita perekat plaster,
  Elastoplast®, Bandaid®
piyama pyjamas
PJKA Indonesian State
  Railways
plakat poster
plester plaster, Elastoplast®,
  Bandaid®
plombir filling (in tooth)
poci teapot
pohon tree
pohon palem palm tree
pola pattern
polisi police; policeman
polisi lalu-lintas traffic police
polisi pelabuhan harbour
  police
polisi wanita policewoman
politik politics; political
polong peas
polos plain, not patterned
pompa pump
pompa bensin petrol station,
  gas station
pon pound

popok nappy, diaper

popok sekali pakai disposable nappies/diapers

porsi portion

porto luar negeri overseas postage charges

pos post, mail

pos dalam negeri inland mail

poskan post, mail

pos khusus special delivery, express delivery

pos kilat special delivery, express delivery

pos udara airmail

pos wesel postal order, money order

potong piece

potongan discount

potongan harga discount

potongan setengah harga half price

potong rambut haircut

potret photo; picture; portrait

PP return

PPPK first aid

praktis practical

pramugara steward

pramugari stewardess

prangko stamp

pri men

pria man; gents' toilet, men's room

pribadi private; personal

prioritas priority

puas pleased

pucat pale

puing ruins

pujian compliment

pulang home; get in;

go home; arrive home

pulau island

pun even

puncak peak

di puncak on top (of); at the top (of)

pundak shoulder

punggung back (of body)

punya have

apa anda punya ...? have you got any ...?

saya tidak punya I don't have any

punya anda yours

punya dia his; hers

punya kami ours (excluding those addressed)

punya kita ours (including those addressed)

punya mereka theirs

punya saya mine

punya siapa whose

punya siapa ini? whose is this?

pura Balinese temple; shrine

pusat centre; central

pusat kebugaran fitness centre

pusat kota town centre; city centre

pusat olahraga sports centre

pusat pertokoan shopping centre

pusing dizzy; headache

puskesmas community health centre

putar ... dial ...

puteri daughter

putih white; blond

putus aliran power cut
putusan decision

R

rabun dekat short-sighted
radang inflammation
rahang jaw
rahasia secret
raja king
rakus greedy
ramah polite; friendly
ramai busy, crowded; lively
ramai orang crowd
ramalan cuaca weather
  forecast
rambu lalu-lintas road sign
rambut hair
ramuan herbs
ransel rucksack
rantai chain
rapat meeting
rasa flavour; taste
rata flat (adj)
rata-rata on average
ratu queen
ratus hundred
rawa swamp
rawan not safe
rebewes licence
rebus boiled
rekening bill, (US) check
rekening bank bank account
rem brake
remaja teenager
rematik rheumatism
rem tangan handbrake
renang swimming
rencana plan

rendah low
reog ponorogo Javanese street
  performance with masked
  dancers and stunts such as
  glass-eating and petrol-
  drinking
reparasi repairs
reparasi mobil car repairs
reparasi sepatu shoe repairs
resah restless
resep prescription; recipe
resep dokter doctor's
  prescription
resepsi reception (for guests)
resepsionis receptionist
resmi formal
restoran restaurant
restoran makanan laut seafood
  restaurant
restorasi dining car
retak fracture
rias muka make-up
ribu thousand
rimba jungle; forest
rindu long for; miss
ringan light (not heavy)
ritsleting zip
roda wheel
rok skirt
rok dalam slip (garment)
rokok cigarette
rokok kretek clove cigarette
roman novel
rombongan group, party
rompi vest (under shirt)
rongsokan rubbish
ros engkol crankshaft
roti bread; white bread
roti berlapis sandwich

roti panggang toast (bread)
roti tawar plain bread
RSU general hospital
RT neighbourhood association (administrative unit)
ruam rash
ruangan rumah sakit ward
ruang coba fitting room
ruang duduk living room
ruang tunggu departure lounge
ruang makan dining room
ruang olahraga gym
ruang pas fitting room
ruang seni moderen modern art gallery
ruang tunggu foyer, lobby; lounge; waiting room
rukun tetangga neighbourhood association (administrative unit in towns)
rukun warga next to lowest administrative unit in towns
rumah house; home
di rumah at home
rumah kos boarding house
rumah makan restaurant
rumah sakit hospital
rumah sakit bersalin maternity hospital
rumput grass
rumput laut seaweed
rupiah Indonesian currency
rusa deer
rusak broken; out of order; faulty; damaged; break down
rute route
RW next to lowest administrative unit in towns

S

sabar calm down
Sabtu Saturday
sabuk belt
sabuk pengaman seat belt
sabun soap
sabun cuci soap powder
sabun cuci piring washing-up liquid
sabun dus shower gel
sadar conscious
sado horse-drawn cab
sahabat pena penfriend
sains science
saja just, only
sakelar switch
sakit ill, sick, unwell; sore; pain, ache; hurt
sakit gigi toothache
sakit kepala headache
sakit kepala migren migraine
sakit keronkongan sore throat
sakit perut stomachache; upset stomach
sakit pinggang backache
sakit tenggorokan sore throat
saklar switch
saksi witness
saku pocket
salah wrong; mistake; fault
salah cerna indigestion
salah faham, salah pengertian misunderstanding
salah mengerti misunderstand
salah tekan wrong number
salam sejahtera best wishes
salep bibir lipsalve
salju snow

salon rias rambut ladies' hairdresser
saluran drain
sama same
sama-sama don't mention it
sama sekali completely
sama sekali tidak not in the least
sambung: anda salah sambung you've got the wrong number
sambungan connection
sampah rubbish, trash; litter
sampai until
sampai bertemu lagi! see you!
sampai besok see you tomorrow
sampai jumpa! cheerio!
sampai jumpa lagi see you later; goodbye
sampai ketemu lagi goodbye
sampai nanti see you later
sampan boat
sampo shampoo
sampul envelope
Samudera Hindia Indian Ocean
Samudera Pasifik Pacific Ocean
sandal slipper
sandiwara play (in theatre)
sangat very; extremely; quite
sangat bagus wonderful
sangat banyak very much
sangat besar enormous; extra large
sangat membantu helpful
sangat parah critical condition
sapi betina cow
sapu brush; broom
sapu tangan handkerchief

sarapan breakfast
sari buah juice
sari buah-buahan fruit juice
sari gripfruit grapefruit juice
sari jeruk orange juice
sari nanas pineapple juice
saringan filter
sari tomat tomato juice
sarung bantal pillow case
sarung tangan gloves
satpam security guard
satu one
satu arah one way
satu lagi another
saudara relative; you; your (pol: general)
saudara laki-laki brother
saudara perempuan sister
saun soap
saus sauce
sawah wet rice field
sawo matang tan, light brown
saya I; me; mine
  ... saya my ...
sayang it's a pity, what a shame
sayap wing
saya punya mine
saya sendiri myself
sayur, sayuran vegetables
se-... as ... as; one, a
  se-... mungkin as ... as possible
  sebesar ... as big as ...
  secantik ... as beautiful as ...
  sekaleng bir a can of beer
sebab cause
sebagian besar most (of)
sebatangg coklat bar of

chocolate
sebelah next to; side
  sebelah utara/selatan north/
  south of
  di sebelah utara/selatan in the
  north/south
  ke sebelah utara/selatan to
  the north/south
  sebelah kanan the right side
  sebelah kiri the left side
  sebelah mana? which side?
  (right or left)
sebelas eleven
sebelum before
  sebelum makan before meals
sebentar a moment
  sebentar lagi in a minute, just
  a minute
  sebentar saja! just a second!
seberang the other side
sebungkus a packet
secara terpisah separately
sedang in the process of;
  mild; medium
sedap delicious
sedeng idiot
sederhana downmarket;
  simple, easy
sedih sad
sedikit little; a little, a little bit;
  some
sedikit demi sedikit gradually
sedikit saja just a little
sedu hiccups
segalanya everything
segar fresh; cold, chilled
segelas: segelas ... a glass of ...
segera at once, immediately;
  soon

seharian all day
sehari ... kali ... times a day
sehat healthy; OK
sehelai piece
  sehelai kertas piece of
  paper
sejak since
sejarah history
sejuk fresh; cool
sejuta million
sekali once; very
  sekali lagi once more
sekalipun even if
sekali-sekali once in a while
sekarang now
  tidak sekarang not just now
sekering fuse
sekolah school
sekop spade
sekrup screw
selada salad; lettuce
selai jam
selain dari apart from
selalu always
selama during
selamat! cheers!;
  congratulations!; good luck!
selamat datang! welcome!
selamat Hari Natal! merry
  Christmas!
selamat Hari Raya Idul Fitri!
  happy end of Ramadan!
selamat hari ulang tahun! happy
  birthday!
selamat jalan! goodbye! (said to
  the person leaving); have a good
  trip!
selamat makan! enjoy your
  meal!

selamat malam good evening; good night

selamat Natal! merry Christmas!

selamat pagi good morning

selamat siang good afternoon

selamat sore good afternoon; good evening

selamat Tahun Baru! happy New Year!

selamat tinggal goodbye (said by the person leaving)

selancar angin windsurfing

Selandia Baru New Zealand

selatan south; southern
  di sebelah selatan, di daerah selatan in the south
  ke sebelah selatan to the south
  sebelah selatan south of

selebaran leaflet

selesai finish

selesma cold (illness)

selimut blanket

selip skid

selotip® Sellotape®, Scotch® tape

seluruh whole

semalam per night

semangka melon

sembelit constipation; constipated

sembilan nine

sembilan belas nineteen

sembilan puluh ninety

sembuh better, recovered

semenanjung peninsula

Semenanjung Melayu Malay Peninsula

sementara while

semester term

semir sepatu shoe polish

semoga sukses best of luck

sempit narrow (street)

semprotan rambut hair spray

semprot nyamuk insecticide spray

sempurna perfect

semua all; altogether

semuanya all of it; all of them; everything

semua termasuk all-inclusive

semua umur all ages

semut ant

senang enjoy oneself

senang bertemu anda nice to meet you

senapan gun; rifle

sendiri alone
  dia sendiri himself; herself
  saya sendiri myself
  mereka sendiri themselves

sendirian alone; by oneself
  saya sendirian on my own

sendok spoon

sendok-garpu cutlery

sendok makan tablespoon

sendok teh teaspoon

sengaja deliberately

seni art

seniman, seniwati artist

senter torch, flashlight

senti centimetre

senyum smile

sepak bola football

sepanjang as long as; for the duration of

sepanjang hari all day

sepanjang jalan down the
road

separoh half

sepasang pair

sepasang sepatu pair of
shoes

sepatu shoe

sepatu lars boot

sepatu olahraga trainers

sepeda bicycle

sepeda motor motorbike

seperempat quarter

seperti like; as; look like

seperti ini like this

sepotong piece, bit

seprai sheet (for bed)

sepuluh ten

sepupu cousin

serangan attack

serangan jantung heart attack

serangan tiba-tiba fit, attack

serangga insect

seratus hundred

serbet napkin

seribu thousand

sering often

tidak sering not often

serupa similar

seseorang somebody,
someone; anybody

sesuai convenient

sesuatu something

sesuatu untuk di makan
something to eat

sesuatu yang lain something
else

sesudah after

sesudah itu afterwards

sesudah makan after meals

setasiun station

setasiun bis bus station

seteker cigarette lighter

setelah after

setelah itu then; afterwards

setelan suit (noun)

setengah half

setengah harga half fare; half
price

setengah jam half an hour

setengah lusin half a dozen

setengah matang medium-rare

seterika iron (for ironing)

setiap every

setiap hari every day

setiap orang everyone

setir steering wheel

setopan bis bus stop

setuju agree

sewaan rent

sewa mobil car rental

si alamat addressee

siap ready; p.m.

sudah siap? are you ready?

siapa? who?; whose?

siapa itu? who is it?

siapakah: siapakah dia? who is
he/she?

sibuk busy; crowded

sihir black magic

sikap attitude

sikat brush

sikat cukur shaving brush

sikat gigi toothbrush

sikat kuku nailbrush

sikat lukis artist's brush

sikat rambut hairbrush

siku elbow

silakan please; go on, go
ahead; help yourself; here
you are; after you
silakan duduk please sit
down
silakan masuk please come in
silet razor blades
SIM driving licence, driver's
license
simpanan di bank bank
account
simpang crossroads;
intersection
sinar matahari sunshine
sinar X X-ray
singkat brief
sinting crazy
siput snail
sisa the rest
sisi side
sisir comb
sistim kemudi steering
siswa student
ski air waterski; waterskiing
Skotlandia Scotland; Scottish
SLI international direct
dialling
SLJJ dialling code
slof carton
sol sole
solar diesel fuel
sol sepatu shoe repairer
songket type of cloth from
Sumatra
sop soup
sopan polite
sopir driver
sopir mobil car driver
sopir taksi taxi driver

sore afternoon; p.m.
sore ini this afternoon
sore tadi in the afternoon
(referring to time past)
sosis sausage
Spanyol Spain; Spanish
spek bacon
spesialis telinga, hidung dan
tennorokan ear, nose and
throat specialist
stadion stadium
stasiun station
stasiun bis bus station
stasiun kereta api train station
steker plug (electrical)
stopkontak socket
stopkontak listrik power point
stopkontak untuk alat cukur
listrik shaving point
suami husband
suara voice
subang earrings
subuh dawn
pada waktu subuh at dawn
sudah already; arrive; it's
over; that's all; that's
enough; have; have done;
already been
sudah cukup I'm OK
sudah lama ages ago
sudah dipesan reserved
sudahlah! stop it!
sudah meninggal dead
sudah penuh full
sudah sampai arrive
sudut corner
di sudut in the corner
suhu temperature
suka love; like

saya suka itu I like it
sukan enjoy
sukar difficult
suku tribe; ethnic group
suku cadang spare parts
sulit difficult
sulung eldest child
sumbat plug (in sink); cap (of bottle)
sumber air panas hot spring
sungai river
sungai kecil stream
sungguh? really?
suntikan injection
sup soup
surat letter; mail
surat ekspres express mail
surat izin licence, permit
suratkabar newspaper
surat kilat express mail
surat tercatat registered mail
surat terdaftar by registered mail
susah hard, difficult
susu milk
sutera, sutra silk
swalayan self-service
swasta private
Swedia Sweden; Swedish
syal scarf (for neck)

T

tabrakan knock down; road accident; crash
tabung gas gas cylinder
tadi before
  tadi malam last night
  tadi pagi yesterday morning

tahan air waterproof
tahi! shit!
tahu know
  saya tidak tahu I don't know
tahun year
  tahun depan next year
  tahun lalu last year
  17 tahun ke atas over 16's only
Tahun Baru New Year
tajam sharp
tak ada there isn't/aren't any
tak dapat diuangkan kembali non-refundable
takut afraid
tali rope; string
tali bahu strap
tali jam watch strap
tali jemuran clothes line
tali kipas fan belt
tali sepatu shoelaces
taman park (noun)
taman binatang, taman satwa zoo
tamat end; graduate
tambah have some more
tambahan supplement
tambah angin windier
tambah sedikit a little bit more
tambal filling (in tooth)
tambal ban tyre/tire repairs
tambal gigi filling (in tooth)
tampak look, seem
tamu guest
tanah earth
tanaman plant
tanda sign; signpost
tanda jalan roadsign
tanda tangan signature

tang pliers
tangan hand
tangan panjang long-sleeved
tangan pendek short-sleeved
tangga stairs; ladder; steps
  di atas tangga on the steps
tangga darurat emergency exit
tanggal date
tanggal berakhir expiry date
tanggal lahir date of birth
tangki tank
tanpa without
tanpa kafein decaffeinated
Tante you; your (pol: to older
  woman)
taplak meja tablecloth
tari adat traditional dancing
tarian traditional dance
tarik pull
tari rakyat folk dancing
tas bag; handbag, (US) purse;
  briefcase; carrier bag
tata bahasa grammar
tawon wasp
teater theatre
tebal thick
tebing cliff
tegangan volt voltage
tegap well-built
teh tea (drink)
tekanan ban tyre/tire pressure
tekanan udara air pressure
tekan tombol push button
telanjang naked
telepon phone
telepon bangun pagi wake-up
  call
telepon interlokal long-distance
  call

telepon kolek reverse-charge
  call, collect call
telepon mobil mobile phone
telepon umum payphone
telepon umum kartu cardphone
teler drunk
telinga ear
teluk bay
telur egg
teman friend
tembakau tobacco
tempat place; seat
  di tempat dia at his place
tempat bagasi boot, (US) trunk
tempat berlabuh berth
tempat bermain playground
tempat cek in check-in
tempat cuci mobil carwash
tempat cuci otomat launderette,
  laundromat
tempat dek deckchairs
tempat duduk seat
tempat ganti uang bureau de
  change
tempat kamping campsite
tempat lahir place of birth
tempat parkir car park, parking
  lot
tempat pembakar grill
tempat pengambilan barang left
  luggage, baggage check
tempat penitipan bayi creche
tempat penyeberangan
  pedestrian crossing
tempat pertemuan meeting
  place
tempat rak shelf
tempat sampah dustbin,
  trashcan

tempat servis mobil service station

tempat suci shrine

tempat teduh in the shade

tempat tidur bed

tempat tidur anak cot

tempat tidur di kereta api couchette

tempat tidur dua orang double bed

tempat tidur susun bunk beds

tempat tidur untuk dua orang double bed

tempat tidur untuk satu orang single bed

tempat tujuan destination

tempat tukar uang exchange

tempurung piece of coconut shell

tenang quiet

tenda tent

tengah middle

  di tengah in the middle

  di tengah malam at midnight

  yang di tengah the middle one

tengah hari noon

  di/padah tengah hari at noon

tengah malam midnight

tenggara southeast

tenggelam sink, go under

tenggorokan throat

tengkorak skull

tenis meja table tennis

tentu of course

  tentu saja certainly, of course

  tentu tidak certainly not

tepat accurate

  tepat pada waktunya on time

tepi laut seafront

  di tepi laut on the seafront

tepung flour

terakhir last

terang clear; bright

terbaik best

terbakar it's on fire

terbakar matahari sunburn; sunburnt

terbalik atas bawah upside down

terbang fly

terburu-buru hurry; in a hurry

tercemar polluted

tergantung vary; it varies; it depends

  tergantung pada it depends on

terhalang blocked

terima kasih thank you, thanks; no thanks

  terima kasih banyak thank you very much

  terima kasih kembali you're welcome; don't mention it

terisi engaged, occupied

teristimewa especially

terjadi happen

  apa yang terjadi? what's happening?; what has happened?

terjemahan translation

terkecuali except

terkenal famous; popular

terkunci lock in

terlalu too

  terlalu banyak too much

terlalu ramai too many people
terlambat late; be late
terlarang restricted area
terluka injured
termasuk include; included
terminal terminus
terminal bis bus terminus, bus
   station
termos Thermos® flask
terowongan tunnel
terpisah separate
tersembunyi secluded
tertahan blocked
tertarik interested
tertawa laugh
tertukar mix-up
tertutup blocked
terung aubergine, eggplant
terusan canal
teruskan forward
terutama especially,
   particularly
tetangga neighbour
tetapi but
tetes drop
tetes mata eye drops
tiang pole
tiap every
   tiap hari every day
   tiap kali every time
tiap orang everyone
tiba arrive
tiba terlambat be late
tiba-tiba suddenly
tidak no; not
   tidak banyak not much
tidak ada none; nothing; no;
   there isn't any; there aren't
   any

dia tidak ada he/she is not
   there, he/she is out
tidak ada orang no-one
tidak ada pengembalian uang
   no cash refunds
tidak apa, tidak apa-apa
   nothing; all right; it doesn't
   matter, never mind; nothing
tidak baik no good; nasty
tidak berbahaya safe, not
   dangerous
tidak berdosa, tidak bersalah
   innocent
tidak berhenti di ... does not
   stop in ...
tidak biasa unusual
tidak enak not nice
tidak jadi didn't
tidak lagi nothing else
tidak mahal inexpensive
tidak merokok non-smoking
tidak mungkin impossible
tidak pakai alkohol non-
   alcoholic
tidak pernah never, not ever
tidak sadar unconscious
tidak seorang pun nobody
tidur sleep; asleep
tiga three
tiga belas thirteen
tiga puluh thirty
tiga ratus three hundred
tiga ribu three thousand
tikar mat
tikar pantai beach mat
tikar untuk disewakan mats for
   hire/to rent
tikus mouse; rat
tim team

timur east; eastern
  di daerah timur in the east
  sebelah timur east of
timurlaut northeast
tinggal live (in town etc); stay
tinggalkan leave
tinggi high; tall
tip tip; service charge;
  cassette-recorder
tipis thin
tipu, tipuan rip-off
tirai blinds; curtain
tiram oyster
tiruan imitation
tisu tissues, Kleenex®
toko shop
toko alat tulis-menulis
  stationer's
toko barang antik antique shop
toko barang kerajinan craft
  shop
toko bebas bea duty-free shop
toko besi hardware shop
toko buku bookshop,
  bookstore
toko bunga florist's
toko daging butcher's
toko es krim ice cream shop
toko hadiah gift shop
toko ikan fishmonger's
toko kaset record shop
toko kelontong grocery
toko keperluan sekolah school
  supplies shop
toko kerajinan tangan craft
  shop
toko kue cake shop
toko makanan food shop, food
  store

toko pangan grocer's
toko pecah belah china shop
toko penjual rokok
  tobacconist's
toko perhiasan jeweller's
toko roti bread shop; bakery
toko sepatu shoe shop
toko serba ada department
  store
toko swalayan supermarket
tolol silly
tolong please; help
  tolong ...? could you ...?
  tolong! help!
tolong bayar di muka please
  pay in advance
tolong paspornya your
  passport, please
tolong siapkan karcisnya tickets
  ready, please
tombol switch
tombol hidup-mati on/off
  switch
tongkat stick
tongkat gigi gear lever
tongkat ketiak crutches
tongkat persneling gear lever
topi hat; cap
toserba department store
tradisi tradition
trayek route
trotoar pavement, sidewalk
truk lorry
truk tertutup van
tua old; dark
Tuan Mr; sir; him; his; you;
  your (pol: to older man)
tudung kepala headscarf
tugu monument

Tuhan God
tujuh seven
tujuh belas seventeen
tujuh puluh seventy
tukang worker; craftsman
tukang angkat kopor porter
tukang copet pickpocket
tukang ledeng plumber
tukang listrik electrician
tukang pangkas rambut hairdresser's
tukang pos postman, mailman
tukang sepatu shoe repairer
tukar exchange
tulang bone
tulang rusuk rib
tuli deaf
tulus honest
tumit heel
tumpang lift (in car)
tunangan fiancé; fiancée
tunggu wait
tungku oven
turis tourist
turun get off; get out; go down; let off
turun di sini get off here
tuslah supplement
tutup close, shut; closed; lid
  tutup mulut! shut up!
tutup selama liburan closed for holiday period

U

uang money; cash
uang kecil small change

uang kembali, uang kembalian change (money returned)
uang kertas banknote, (US) bill
uang logam coin
uang tanggungan deposit
ubur-ubur jellyfish
udang prawn
udang karang crayfish; lobster
udara air
ujian exam
ujung end
ukiran carving
ukuran size; gauge
ukuran sedang medium-sized
ulang tahun birthday; anniversary
ulang tahun pernikahan wedding anniversary
ular snake
umpama example
  umpamanya for example
umum general; public
umur age
  berapa umur anda? how old are you?
undangan invitation
unggas poultry
ungu purple
universitas university
untuk for
  untuk anda for you
  untuk dia for him/her
  untuk dibawah pulang to take away
  untuk dijual for sale
  untuk disewakan for hire, to rent
  untuk kendaraan berat for heavy vehicles

untuk mobil dinas for official cars

untung luck; fortunately

upacara festival

usia age
  berapa tahun usia anda? how old are you?

utama main

utara north; northern
  di sebelah utara Kuta north of Kuta
  di sebelah utara, di daerah utara in the north
  ke sebelah utara to the north
  sebelah utara north of

V

vaksinasi vaccination

valuta asing foreign currency

vegetaris vegetarian

velbed campbed

video video; camcorder

Vietnam Vietnam; Vietnamese

W

wakil agent

waktu time
  waktu itu then, at that time

waktu jeda interval

waktu setempat local time

walaupun although

Wales Wales; Welsh

wangi-wangian untuk cukur aftershave

wanita lady; ladies' toilet, ladies' room

warkat pos airmail letter

warna colour

wartel post and telecomunications shop

wartel luar negeri international phone call service

warung stall; small shop

warung kopi coffee shop

warung nasi food stall

warung telepon post and telecommunications shop

wastafel sink; washbasin

wayang golek wooden puppets

wayang kulit shadow-play

wayang wong traditional drama with actors

w.c. pria gents' toilet, men's room

w.c. umum public convenience

w.c. wanita ladies' toilet, ladies' room

wesel money order

wisma penginapan guesthouse

wisma tamu medium-priced family-run hotel

wol wool

wol asli pure wool

wortel carrot

Y

ya yes

Yahudi Jewish

yakin sure
  kamu yakin? are you sure?

yang which; that; who; whom

yang berikut the following

yang biasa usual

yang di sebelah barat/selatan/timur/utara western/

southern/eastern/northern
yang di situ those; that over
  there
yang ini this one; these
yang itu that one; those
yang kedua second
yang lain another, different;
  something else; the other
  one
yang mana? which one?; which
  ones?
yang mendatang next
yang paling baru up-to-date
yang paling disukai favourite
yang perlu essential
yang salah wrong
yang terbaru newest, latest

Z

zaitun olive
zakar penis
zaman ages
zona pejalan kaki pedestrian
  precinct

Menu Reader:

Food

ESSENTIAL TERMS

bowl mangkok
chilli relish sambal
cup cangkir
dessert cuci mulut
fish ikan
fork garpu
fried noodles mie goreng
fried rice nasi goreng
glass gelas
knife pisau
meat daging
menu menu [menoo], daftar makanan
noodles mie
pepper merica
plate piring
rice nasi
salt garam
soup sop
soy sauce kecap
spoon sendok
table meja

waiter! (older) pak!
  (older in Java) mas!
  (younger) dik!, bung!
waitress! (older) bu!
  (older in Java) mbak!
  (younger) dik!, kak!
could I have the bill, please? boleh minta rekening?

abon fried shredded beef

abon ayam fried shredded chicken

acar bening mixed vegetable pickle

acar campur cooked vegetable salad

acar kuning mixed vegetable pickle with turmeric

acar telur eggs in piquant sauce

adas fennel

adas cina dill; fennel

aduk-aduk tempe cooked fermented soya beans stir-fried with shrimps and coconut

alpokat avocado

anggur grapes; wine

angsa goose

apel apple

arbei strawberry

arem-arem steamed rice with beef and coconut

asam tamarind; sour

asam gelugur, asam kandis type of tamarind used in cooking

asam manis sweet and sour sauce

asam pedas hot and sour sauce

asem-asem kepiting spicy crab

asin salty; salted

asinan pickled; salted; pickled vegetables

asinan bawang pickled shallots

asinan campur fruit and vegetable salad with vinegar and chilli dressing

asinan sayur pickled vegetables

asinan wortel pickled carrots

asin tahu bean curd and salted fish casserole

awuk-awuk steamed red and white coconut layer cake

ayam chicken

ayam asam pedas chicken in hot and sour sauce

ayam bakar charcoal-grilled chicken

ayam bakar cabe charcoal-grilled chicken with chilli peppers

ayam bumbu acar chicken in piquant sauce

ayam goreng fried chicken

ayam goreng bumbu fried spicy chicken

ayam goreng kalasan fried chicken with garlic and coconut

ayam goreng kecap fried chicken with soy sauce

ayam gudeg chicken with coconut and jackfruit

ayam hijau fried chicken with lemon grass and chillies

ayam kecap chicken with spices and soy sauce

ayam kukus segar steamed chicken with soy sauce and ginger

ayam opor mild, sweet chicken curry with coconut

ayam panggang bumbu rujak grilled spiced chicken

ayam panggang kecap grilled

chicken with soy sauce

ayam panggang santan bumbu kecap grilled chicken with coconut and soy sauce

ayam panike chicken in aromatic coconut sauce

ayam rica-rica grilled chicken with ginger

ayam tauco chicken with yellow bean sauce

babat tripe

babat goreng fried tripe

babi pork

babi asam pedas sweet and sour pork

babi giling barbecued whole pig

babi kecap pork cooked in soy sauce

babi panggang barbecued pork

bacang bamboo or banana leaf filled with meat and rice

bakar baked; roast

bakmi rice noodles

bakso fish or meat balls, often served in soup

bakso daging meat balls

bakso ikan fish balls

bakso tahu meat or fish balls with bean curd

bakwan shrimp and bean sprout fritters

bandeng isi stuffed milkfish

bangkuang yam-bean, a sweetish tuber

bawang shallots; onions

bawang bombay onions

bawang cina, bawang daun spring onions

bawang merah shallots

bawang putih garlic

bayam spinach

bebek duck

bebek hijau duck with green chillies

belimbing (manis) star fruit, carambola

belimbing wuluh fruit similar to a star fruit with an acidic flavour, used in cooking

bengkuang yam-bean, a sweetish tuber

beras uncooked rice

besengek meat stewed in coconut milk

bihun rice noodles

bihun goreng fried rice noodles

bihun kuah rice noodle soup

biskuit biscuit, cookie

bistik steak

blewah cantaloup melon with ribbed rind and orange flesh

blumkol cauliflower

bon bill

brongkos fried beef in soy sauce

buah fruit

buah anggur grapes

buah-buahan fruit

buah-buahan segar fresh fruit

buah ceri cherries

buatan sendiri homemade

bubur rice porridge

bubur ayam rice porridge with chicken, soya beans,

shallots and soy sauce
bubur kacang hijau mung bean
   porridge
bubur kedaton vegetable stew
   with sweet corn and
   fermented soya beans
bubur ketan sticky rice
   porridge
bubur Manado rice porridge
   served with vegetable soup
   or vegetables and fish
bumbu spice
bumbu-bumbu spices
bumbu kacang peanut sauce
buncis French beans
buncis hijau mung beans
bunga kol cauliflower
buntil cassava leaves stuffed
   with coconut and fish
buras steamed rice with
   savoury filling sometimes
   served in banana leaf or
   bamboo

cabe chilli peppers
cabe hijau green chilli
cabe merah red chilli
cabe rawit small very hot chilli
campur mixed
capcai stir-fried vegetables
cendawan mushrooms
cengkeh cloves
cenil tapioca-flour rolls in
   grated coconut
ceri cherry
cincang chopped; minced
cip chips, French fries
coklat chocolate
coklat biasa plain chocolate

coklat susu milk chocolate
coto Mangkasara soup made
   from entrails and goat or
   beef
cuci mulut dessert
cuka vinegar
cumi clorot steamed stuffed
   squid
cumi-cumi squid
cumi gulai kuning squid stew
   with coconut, chilli and
   turmeric
cumi masak kecap squid
   cooked in soy sauce

dadar gulung sweet pancakes
   filled with coconut
dadar kuah eggs and noodles
   in coconut sauce
daging meat
daging anak sapi veal
daging asam hot and sour beef
daging ayam chicken
daging babi pork
daging balado beef with
   chillies
daging bebek duck
daging bungkus kol cabbage
   rolls stuffed with beef
daging cincang minced meat
daging gulung rolled beef with
   vegetables
daging rendang meat cooked in
   coconut milk and spices
   until the liquid has
   evaporated
daging sapi beef
daging sapi cincang minced
   beef

daun pandan screw pine leaf, used for aromatic flavouring and green colouring

daun salam leaf used in cooking instead of curry leaf

daun selada lettuce

dendeng dried, thin slices of beef

dendeng balado thin slices of beef dried with chillies

dendeng ragi dried beef cooked with grated coconut

dendeng semut spicy thin slices of dried beef with grated coconut

dodol rice-flour dessert made with palm sugar

domba lamb

donat doughnut

duku fruit similar to a lychee

durian large green fruit with spiny skin, yellow flesh and a pungent smell

ebi dried shrimps

empal pedas fried beef with chillies

emping bitter crisps made from crushed nuts

es agar-agar jelly made from fruit syrup and coconut milk, served with ice

es buah fruit salad with ice

es cincau black vegetable jelly with fruit syrup, coconut milk and ice

es gandul ball of crushed ice with fruit syrup

es krim ice cream

es krim coklat chocolate ice cream

es krim kelapa muda young coconut ice cream

es krim panili, es krim vanila vanilla ice cream

es teler tropical fruit salad with ice

gado-gado vegetable salad with peanut sauce

gadon steamed meatloaf in coconut milk

garam salt

geplak rice-flour cakes with coconut and sugar

getas fried glutinous rice cakes in fruit syrup

getuk cakes made from cassava

giling minced

ginjal kidneys

goreng fried

goreng babat asam pedas hot and sour fried tripe

goreng ikan asin fried salted fish

goreng kentang chips, French fries

goreng limpa fried cow's spleen

goreng oncom fried fermented soya bean cake

goreng otak fried brains

goreng pisang banana fritter

goreng ubi fried tapioca; fried sweet potatoes

gula sugar

gulai meat stewed in coconut

milk

gulai cumi isi curried stuffed
squid

gulai kambing goat's meat or
mutton cooked in coconut
milk

gulai otak brains cooked in
coconut milk

gulai parsanga mutton curry

gulai udang merah shrimps
stewed in coconut milk

gula jawa, gula merah coconut
palm sugar

hati liver

hati ayam masak jamur chicken
livers with mushrooms

hewan buruan game

hidangan khusus speciality

hidangan utama main course

ikan fish

ikan air tawar freshwater fish

ikan asam manis sweet and
sour fish

ikan asin salted fish

ikan bakar charcoal-grilled fish

ikan bakar kecap barbecued
fish in soy sauce

ikan basah fresh fish

ikan bawal pomfret

ikan belut eel

ikan bumbu Bali fish in very
hot spicy sauce

ikan cuik steamed, salted fish

ikan duri catfish

ikan goreng fried fish

ikan gurami carp

ikan gurita octopus

ikan hiu shark

ikan jolong-jolong garfish

ikan kecap fish in soy sauce

ikan laut saltwater fish

ikan lele catfish

ikan lemuru sardine

ikan lidah sole

ikan lindung eel

ikan mas carp

ikan mua eel

ikan peda bungkus tahu
steamed bean curd and
salted fish

ikan sardin sardine

ikan tenggiri Spanish mackerel

ikan teri small fish, usually
anchovies

ikan tongkol tuna fish

ikan woku baked and grilled
marinated fish

itik duck

jadah baked sticky rice-flour
cake

jagung sweet corn

jagung bakar roasted sweet
corn

jahe ginger; ginger tea

jambu rose apple, white, pink
or red strawberry-shaped
fruit

jambu batu guava, green-
skinned fruit with sweet
pink flesh

jambu mete cashew nut

jamur mushrooms

jenang cakes made from palm
sugar and sticky rice

jeruk citrus fruit

jeruk asam lemon

jeruk bali pomelo
jeruk kepruk tangerine
jeruk limau lemon
jeruk manis orange
jeruk nipis, jeruk purut lime
jilabulo chicken livers with sago and coconut
jintan cumin
jintan manis star anise

kacang nuts; peanuts
kacang buncis French beans
kacang hijau mung beans
kacang kedele soya beans
kacang pagar butter beans
kacang panjang runner beans
kalio beef cooked in coconut milk and spices
kalio ikan tenggiri Spanish mackerel cooked in coconut milk and spices
kalkun turkey
kambing goat
kambing asam manis sweet and sour goat
kambing bumbu bacem spicy boiled goat
kambing kecap goat cooked in soy sauce
kambing panggang roast goat
kangkung water spinach
kangkung ca stir-fried water spinach
kapurung fish and vegetable soup with sago
karedok raw vegetables with peanut sauce
kari curry
kari ayam curried chicken

kari otak curried brains
kates papaya, yellow-skinned oblong fruit with orange flesh
kayu manis cinnamon
kecap soy sauce
kecap asin salty soy sauce
kecap manis sweet soy sauce
kedondong plum-shaped fruit with a tart flavour like cooking apples
keju cheese
kelapa coconut
kelengkeng lychee
kelepon rice balls with palm sugar in the middle, coated in grated coconut
kelia hati ox liver in coconut sauce
kemiri candlenut, used as a paste in cooking
kencur aromatic root similar to ginger and galingale, with very strong flavour
kentang potato
kepiting crab
kepiting pedas crab in spicy sauce
kerang clams; shellfish
keripik crisps, (US) chips
keripik tempe dan teri crispy, fried fermented soya beans with dried anchovies
kerupuk crackers
kerupuk ikan fish crackers
kerupuk kulit crackers made from cow or goat skin
kerupuk udang prawn crackers
ketan srikaya steamed sticky

rice and coconut

ketimun cucumber

ketoprak mixed vegetables
with fried bean curd and
peanut sauce

ketumbar coriander

ketupat banana leaf stuffed
with boiled rice

ketupat ketan banana leaf
stuffed with boiled sticky
rice

kodok frog

kol cabbage

kolak coconut syrup or fruit in
coconut milk

kolak ubi sweet potatoes in
coconut syrup

kotokan jambal dried, salted
fish curry

krim cream

kuah sauce; salad dressing;
gravy

kue cake; biscuit

kue bugis small coconut cakes

kue cucur rice-flour and palm-
sugar cakes

kue kik cake

kue ku steamed cakes made
from glutinous rice and
mung beans

kue lapis layered cake with
nutmeg

kue lumpang steamed cakes
with grated coconut

kue lumpur coconut and raisin
cake

kue mangkok rice-flour,
tapioca and coconut cake

kue pisang rice cake with

banana filling

kue pukis small, thin crescent-
shaped cake

kue sus cake with custard
filling

kue talam pisang bananas in a
thick sauce made from
coconut milk

kue talam ubi sweet potato and
coconut cake

kue tar tart

kue tarcis small tart

kuitiau noodles with meat and
vegetables

kukus steamed

kunyit turmeric

kurma dates

labu pumpkin

lada merah cayenne pepper;
red chilli

laksa rice-noodle soup with
coconut milk and spices

laksa ayam chicken rice-
noodle soup with coconut
milk and spices

langsat small brown-skinned
slightly sour fruit

lawar mangga muda mango
cooked in coconut milk

lemang sticky rice cooked in
hollowed-out bamboo over
an open fire

lemper banana leaf stuffed
with sticky rice and meat

lengkeng lychee

lengkuas galingale, root
similar to ginger used in
savoury dishes

lidah panggang barbecued oxtongue

lidah saos tomat oxtongue with tomato sauce

limau citrus fruit; lemon

limpa spleen

loka anjoroe boiled unripe banana in thick coconut milk, eaten with dried fish

lombok chilli

lombok rawit small, very hot chilli

lomie noodles in soy sauce, often with garlic, chilli and shallots

lontong banana leaf or bamboo stuffed with rice and steamed

lopis sticky rice rolls

lotek steamed or raw vegetables mixed with spicy peanut sauce

lumpia spring rolls

madu honey

madumongso sticky rice with coconut and palm sugar

makanan food; meal

makanan beku frozen food

makanan kecil snack

makanan khas daerah, makanan khusus daerah regional specialities

makanan laut seafood

makanan pencuci mulut desserts, fruit, or sweets/ candies served at the end of a meal

makan malam evening meal

makan pagi breakfast

makan siang lunch

mangga mango

manggis mangosteen, round fruit the size of an apple with reddish-brown skin and white flesh in segments

manis sweet

markisa passion fruit

martabak thick pancakes

masakan cooking, cuisine

masakan daerah regional specialities

melinjo nut used to make emping

mentah unripe; raw

mentega butter

mentimun cucumber

mentok singkong savoury cassava pancakes

merica black pepper

mie noodles

mie bakso noodles with fish or meat balls

mie bakso goreng fried noodles with meat balls

mie bakso kuah noodle soup with meat balls

mie goreng fried noodles

mie jawa goreng Javanese fried noodles

mie rebus noodles in soup

mihun rice noodles

minyak oil

mostar mustard

mpe-mpe fried pastry made from sago flour and fish, sometimes filled with eggs, vegetables or papaya, served with tamarind or chilli sauce

nagasari rice cake with banana

nanas pineapple

nangka jackfruit, large melon-shaped fruit with thick, green skin and yellow flesh with a bread-like texture

nasi cooked rice

nasi ayam rice with chicken

nasi bumbu rice with herbs

nasi campur plain rice with meat and vegetable side dishes

nasi cemba meat cooked with grated coconut and spices

nasi goreng fried rice

nasi goreng babat fried rice with tripe

nasi goreng bahari fried rice with seafood

nasi goreng istimewa special fried rice, usually served with a fried egg, crackers and cucumber

nasi gudeg rice with jackfruit and coconut milk

nasi gurih rice cooked in coconut milk, served with a variety of side dishes

nasi kebuli rice with aromatic crispy chicken

nasi ketan sticky rice

nasi kuning yellow rice, sometimes served with meat or vegetable side dishes

nasi lemak rice cooked in coconut milk

nasi liwet boiled rice

nasi putih boiled and steamed rice

nasi rames rice with meat and vegetable side dishes

nasi soto meat soup with a dish of rice

nasi uduk rice cooked in coconut milk

oncom fermented soya bean cake

onde-onde sesame seed and mung bean balls

onde-onde wijen fried ball of dough with palm sugar in the middle, coated with sesame seeds

opor meat cooked in coconut milk

opor ayam chicken cooked in coconut milk

orak-arik kepiting stir-fried crab with egg

orak-arik sayuran stir-fried vegetables with egg

oseng-oseng campur stir-fried vegetables

oseng-oseng daging stir-fried meat and vegetables

otak brains

otak-otak ikan dan undang fish and prawn rolls

otak-otak banana leaf stuffed with anchovies and coconut and cooked over an open fire

Padang West Sumatran food, usually hot and spicy

pais udang spicy prawn parcels

pala nutmeg

pallu ce'la fish cooked with spices until it is dry

pallu mara saltwater fish cooked with turmeric, tomato, tamarind and chillies

pamplemus grapefruit

panekuk pancakes

pangek bungkus steamed fish with spices

panggang baked; grilled; roast

pangsit boiled or steamed minced meat and prawn dumplings

pangsit goreng fried minced meat and prawn dumplings

panili vanilla

papaya yellow-skinned oblong fruit with orange flesh

paprika pepper, capsicum

paru lungs

pecai Chinese cabbage

pecel mixed steamed vegetables with hot peanut sauce

pecel lele catfish with hot chillies

pedas hot, spicy

pelecing peria bitter cucumber fried with chilli and lime sauce

penutup desserts

pepes ayam steamed chicken

pepes ikan steamed fish

pepes jamur kuping steamed banana leaf stuffed with mushrooms

pepes udang steamed prawns

per pear

pergedel potato cakes made with egg and spices

pergedel daging potato cakes with minced beef

pergedel jagung sweet corn fritters

peria bitter cucumber, bitter gourd

perkedel potato cakes made with egg and spices

perkedel kepiting stuffed crab

permen sweets, candies

petai beans similar to butter beans

petis fish paste

petola daging marrow stuffed with meat

pindang ikan fish cooked slowly in spices

pindang telur eggs cooked slowly in spices

pindang tongkol tuna fish cooked slowly in spices

pisang banana

pisang goreng banana fritter

poding pudding

polong peas

porsi portion

putu mayang steamed rice-flour cakes with coconut and palm-sugar sauce

putu tegal steamed banana cakes with coconut and palm sugar

rambutan fruit similar to a

lychee

ramuan herbs

rawon diced beef cooked in a spicy black sauce

rebus boiled

rempah rempah udang prawn and bean sprout fritters

rempeyek fritter made from peanuts or anchovies

rendang meat cooked in coconut milk and spices until the liquid has evaporated

roti bread

roti panggang toast

roti tawar unsweetened bread

rujak hot, spicy fruit salad

rujak cingur cooked vegetables with peanut sauce and boiled cow's snout

rujak cuka hot, spicy fruit salad with palm-sugar sauce

rujak kangkung water spinach in sweet chilli sauce

rujak ulek thinly sliced sweet potatoes and mixed fruit served with a dressing made from tamarind, palm sugar and chilli

salak pear-shaped fruit with white, dry, flesh and brown, scaly skin

sambal hot chilli and shrimp-paste sauce

sambal dan acar pickled vegetables with chilli

sambal goreng buncis French beans with chilli

sambal goreng hati pieces of liver cooked in chilli and shrimp-paste sauce

sambal goreng hati dan tahu liver and bean curd cooked in chilli and shrimp-paste sauce

sambal goreng kentang potatoes cooked in chilli and shrimp-paste sauce

sambal goreng tempe fermented soya beans cooked in chilli and shrimp-paste sauce

sambal kacang spicy peanut and chilli sauce

sambal kalapa spicy coconut relish

sambal kecap soy sauce and chilli relish

sambal tauco yellow-bean relish

sambal terasi shrimp-paste relish

sambal terung spicy aubergine/ eggplant relish

sambal udang goreng prawns fried in coconut chilli sauce

sambal ulek crushed chillies

santan creamed coconut

saos sauce

saos tomat tomato sauce

sarapan breakfast

sardencis sardines

sari kaya banana and coconut custard

sate satay, spicy, barbecued small pieces of meat on skewers, served with peanut or soy sauce and chilli relish

sate ayam chicken satay with peanut sauce

sate babi pork satay

sate campur mixed satay

sate daging sapi beef satay

sate kambing mutton satay

saus sauce

saus selada mayonnaise; salad dressing

saus tomat tomato sauce

sawi Chinese cabbage

sawo sapodilla, small brown-skinned fruit similar in taste to a pear

sayur vegetables; vegetable dish

sayuran vegetables

sayur asam vegetable soup with tamarind

sayur kacang red bean soup

sayur lodeh vegetable soup with coconut milk

sayur menir vegetable soup with minced beef

sayur oncom soup made from fermented soya bean cake and sometimes with coconut milk

sayur-sayuran vegetable soup with coconut milk

segar fresh; chilled

selada salad; lettuce

selai jam

seledri celery

semangka water melon

semur ayam chicken cooked in soy sauce

semur cumi squid cooked in soy sauce

semur daging slices of beef cooked in soy sauce

semur daging sapi beef cooked in soy sauce

semur lidah boiled tongue in soy sauce

semur terung aubergine cooked in soy sauce

serai lemon grass

serundeng fried grated coconut

singgang ayam sumpu chicken baked with spices and cassava leaves

singkong cassava

singkong goreng fried cassava

sirsak soursop, tart-flavoured fruit with green, spiny skin and white flesh

songklo bandang steamed cassava flour with banana filling served with grated coconut

sop soup

sop ayam chicken soup

sop bakso soup with meat or fish balls

sop bayam spinach soup

sop buntut oxtail soup

sop ikan dan sayuran fish and vegetable soup

sop kaki kambing goat's hooves soup

sop kaki sapi cow's hooves soup

sop kapurung vegetable, dried fish and sago soup

sop kondro buffalo ribs soup

with beans and shallots
sop sayuran vegetable soup
sosis sausage
soto ayam chicken stew or soup
soto babat meat stew or soup
soto daging beef stew or soup
soto Madura Madura-style chicken soup
soto Saudara Sulawesi-style soup with rice noodles
spek bacon
sumsum marrowbone
sumsum kukus steamed beef marrowbone
sup soup
susu milk
susu segar fresh milk

tahu bean curd
tahu goreng fried bean curd
tahu goreng bacem spicy fried bean curd
tahu goreng kecap fried bean curd with soy sauce
tahu isi bean curd stuffed with beef
tahu kupat fried bean curd and rice cakes with coconut-milk sauce
tahu petis fried bean curd and rice cakes with shrimp-paste and tamarind sauce
tahu sumedang bean curd with chilli sauce
tahu taoco bean curd with black bean sauce
talas taro, root vegetable similar to potato

tapai, tape fermented sticky rice or cassava
tauge bean sprouts
telur egg
telur aduk-dadar scrambled eggs
telur bumbu bali eggs in tomato and chilli sauce
telur dadar omelette
telur dadar isi filled omelette
telur direbus boiled egg
telur goreng fried egg
telur isi eggs stuffed with spicy coconut
telur matang rebus hard-boiled egg
telur mata sapi fried egg
telur pindang bumbu areh spiced eggs in thick coconut sauce
telur rebus boiled egg
tempe cooked fermented soya beans
tempe goreng bacem spicy fried cooked fermented soya beans
tempe goreng tepung cooked fermented soya beans fried in batter
tepung flour
tepung beras rice flour
tepung terigu wheat flour
terancam raw vegetables and cooked fermented soya beans with coconut milk
terasi fermented shrimp paste
teri dried anchovies
teri goreng fried dried anchovies

terik fried spiced beef with candlenuts and coconut milk

terik tempe cooked fermented soya beans in candlenut and coconut sauce

terong, terung aubergine, eggplant

terung gelatik small purple, white, green or yellow aubergines/eggplants

tiram oysters

tomat tomatoes

tomyam hot and sour soup with beef or fish

tongseng goat's meat or mutton cooked in a spicy coconut milk sauce

tongseng kambing cabbage and goat

tumis buncis French beans cooked with chilli and nutmeg

ubi sweet potatoes; tapioca

ubi goreng fried sweet potatoes

ubi kayu cassava

udang prawns; shrimps

udang asam manis sweet and sour prawns

udang bakar charcoal-grilled marinated prawns

udang goreng fried prawns

udang goreng balado fried chilli prawns

udang goreng tepung fried prawns in batter

udang karang lobster; crayfish

udang pindang tumis spicy prawns with tamarind

udang rebus boiled prawns

udang saos tomat prawns with tomato sauce

unggas poultry

urap vegetable salad with spicy coconut dressing

usus intestines

usus isi telur cow's intestines stuffed with eggs

wajik ketan brown sticky rice cakes

wortel carrot

zaitun olives

Menu Reader:

Drink

ESSENTIAL TERMS

beer bir
bottle botol
coffee kopi
cup cangkir
drinks list daftar minuman
glass gelas
ice es
mineral water air 'mineral'
orange juice air jeruk murni
pineapple juice air nanas
soda water air 'soda'
soft drink minuman tanpa alkohol
sugar gula
tea teh
water air minum
wine anggur
wine list daftar anggur

a cup of ..., please tolong, secangkir ...
a glass of ... segelas ...
a gin and tonic, please minta segelas jin-tonik
another beer, please tolong, satu bir lagi

air water
air alpokat avocado juice,
 usually with condensed
 milk, sometimes with
 chocolate or coffee
air belimbing star fruit juice
air botol bottled water
air jahe ginger tea
air jeruk orange juice;
 orangeade
air kelapa muda young coconut
 juice
air mineral mineral water
air nanas pineapple juice
air putih water
air sirop fruit syrup
air sirsak soursop juice
air tomat tomato juice, always
 sweet
anggur wine; grapes
anggur merah red wine
anggur putih white wine
Anker beer® brand of lager
Anker beer hitam® brand of
 stout

bir beer; lager
bir Bintang® brand of
 Indonesian lager
bir hitam dark beer, stout
bir lager lager
botol bottle
brem Balinese rice wine

cangkir cup, mug
coklat panas hot chocolate

daftar anggur wine list
daftar minuman drinks list

es ice

es cendol drink made from
 rice flour, palm-sugar syrup
 and coconut milk with ice
es jeruk orange juice with ice
es kelapa coconut milk with
 ice
es kelapa muda young coconut
 milk with ice
es kopyor young coconut drink
 with ice and coconut slices
es teh iced tea

gelas glass
gula sugar

Indocafe® Indonesian brand of
 instant coffee

jin gin
jin-tonik gin and tonic

kopi coffee
kopi bubuk hot water poured
 over coffee powder
kopi es iced coffee
kopi manis black coffee with
 sugar
kopi neskafe® instant coffee
kopi pahit black coffee without
 sugar
kopi susu coffee with
 condensed milk
krim cream

limun lemonade

minuman drink
minuman keras spirits
minuman segar cold drink,
 chilled drink
minuman tanpa alkohol soft
 drink

rebus boiled

San Miguel® brand of lager
sari apel apple juice
sari buah fruit juice
sari jeruk orange juice
segar fresh; chilled
sekoteng hot ginger drink, with jelly pieces, sometimes served with condensed milk
setrop fruit syrup drink
sopi manis liqueurs
susu milk, usually condensed milk
susu segar fresh milk

tanpa kafein decaffeinated
teh tea
teh jahe ginger tea
teh jinsom ginseng tea
teh limau lemon tea
teh manis tea with sugar
teh susu tea with milk
tuak fermented palm sap drink

wiski whisky

Backpacking through **Europe**?
Cruising across the **US of A**?
Clubbing in **London**?
Trekking through **Costa Rica**?

ROUGH
Travel Guides to more than
from Amsterdam...

AT GOOD BOOKSHOPS

Wherever you're headed, **Rough Guides** tell you what's happening – the history, the people, the politics, the best beaches, nightlife and entertainment on your budget

GUIDES
80 destinations worldwide ...to Zimbabwe.

D I S T R I B U T E D   B Y   P E N G U I N